Homo erectus (Frühmensch)
(vor ca. 300 000 Jahren)

Neandertaler
(vor ca. 70 000 Jahren)

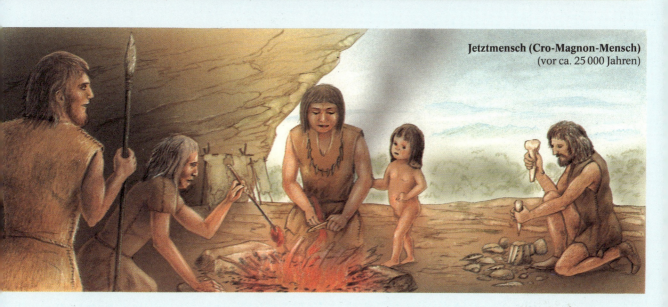

Jetztmensch (Cro-Magnon-Mensch)
(vor ca. 25 000 Jahren)

Biologie heute 3R

Ein Lehr- und Arbeitsbuch
für das 9./10. Schuljahr

Strauß · Dobers · Knippenberg · Beuck

Schroedel

Biologie heute 3 R
(9./10. Schuljahr)

Herausgegeben von
Erich Strauß
Joachim Dobers
Axel Knippenberg
Hans-Günther Beuck

Bearbeitet von
Hans-Günther Beuck
Joachim Dobers
Eva Döhring
Fritz Klöckner
Axel Knippenberg
Jürgen Sobke
Prof. Dr. Erich Strauß

unter Mitarbeit der Verlagsredaktion

Illustrationen:
Birgitt Biermann-Schickling
Dieter Gröschke
Liselotte Lüddecke
Andrea Mesdag
Karola Niehoff
Annemirl Riehl
Werner Ring
Klaus Ross
Barbara Schneider-Rank

ISBN 3-507-76273-0

© 1994 Schroedel Schulbuchverlag GmbH, Hannover

Alle Rechte vorbehalten. Dieses Werk sowie einzelne Teile desselben sind urheberrechtlich geschützt. Jede Verwertung in anderen als den gesetzlich zugelassenen Fällen ist ohne vorherige schriftliche Zustimmung des Verlages nicht zulässig.

Druck A$^{8\ 7\ 6\ 5}$ / Jahr 2002 2001

Alle Drucke der Serie A sind im Unterricht parallel verwendbar, da bis auf die Behebung von Druckfehlern untereinander unverändert. Die letzte Zahl bezeichnet das Jahr dieses Druckes.

Gesamtherstellung:
Universitätsdruckerei H. Stürtz AG, Würzburg

Gedruckt auf Papier, das nicht mit Chlor gebleicht wurde. Bei der Produktion entstehen keine chlorkohlenwasserstoffhaltigen Abwässer.

Inhaltsübersicht

Sexualität und Gesundheit

1. **Pubertät – Zeit der Reife** 6
   Exkurs: Aus dem Tagebuch einer 13-Jährigen 7
2. **Wie Keimzellen entstehen** 8
3. **Hormone steuern die Eireifung** . . . 10
4. **Ein neuer Mensch entsteht** 11
   Exkurs: Säuglinge entwickeln sich mit Riesenschritten 14
   Übung: Entwicklung des Menschen . 15
5. **Verhütungsmethoden helfen bei der Familienplanung** 16
   Exkurs: Schwanger – was nun? . . . 17
6. **Partnerschaft und Verantwortung** . . . 18
7. **Formen des menschlichen Sexualverhaltens** 20
   Exkurs: Erscheinungsformen der Sexualität 20
8. **Infektionskrankheiten durch Bakterien und Viren** 21
   Exkurs: Virus – was ist das eigentlich? . 22
   Exkurs: Erkrankungen der Geschlechtsorgane 23
9. **Impfen – wozu?** 24
10. **AIDS – eine gefürchtete Infektionskrankheit** . . 26
    Exkurs: AIDS – wie groß ist das Risiko? . 26
11. **Warum breitet sich die Malaria wieder aus?** 28
12. **Mit Arzneimitteln muss man verantwortungsvoll umgehen** . . . 29

Mikroorganismen

1. **Mikroorganismen gibt es überall** . . . 30
2. **Mikroorganismen als Helfer des Menschen** 32
2.1. Veredelung von Milchprodukten . . . 32
   Übung: Mikroorganismen 33
2.2. Ein Pilz macht Karriere 34
2.3. Nahrungsspezialisten 35
2.4. Mikroorganismen als „Abfallverwerter" . 36

Vererbung

1. **Grundlagen des Erbgeschehens** . . . 38
1.1. Warum sehen Nachkommen ihren Eltern ähnlich? 38

Exkurs: Im Mittelalter entwickelte sich die Homunculus-Theorie ... 39
1.2. Kreuzungsversuche geben Einblicke in einfache Erbregeln ... 40
1.3. Durch Kombination von Erbanlagen sind Neuzüchtungen möglich ... 43
  Übung: Vererbung ... 44
1.4. Wie der Bauplan der Chromosomen entdeckt wurde ... 46
1.5. DNA – ein chemischer Informationsspeicher ... 48
  Übung: Erbinformation ... 50
1.6. Eiweißsynthese ... 51
1.7. Mutationen – Druckfehler in der Erbinformation ... 52
1.8. Modifikationen – Einfluss der Umwelt ... 54

2. **Vererbung beim Menschen** ... 56
2.1. Die biologische Bedeutung der Sexualität ... 56
  Exkurs: Wer bestimmt das Geschlecht? ... 57
2.2. Die Erbregeln gelten auch für den Menschen ... 58
2.3. Erbkrankheiten behindern den Menschen ... 60
  Exkurs: DOWN-Syndrom ... 61
2.4. Gefahren für das menschliche Erbgut ... 62
  Exkurs: Kann der Mensch „künstlich" hergestellt werden? ... 63

3. **Der Mensch nutzt die Kenntnis der Erbgesetzmäßigkeiten** ... 64
3.1. Züchtung durch Auslese und Kreuzung ... 64
3.2. Mehr Nachkommen durch Biotechnik ... 66
3.3. Gentechnik – Chancen und Risiken ... 67

Stammesgeschichte der Lebewesen

1. **Indizien für die stammesgeschichtliche Entwicklung** ... 70
1.1. Fossilien zeugen vom Leben in vorgeschichtlicher Zeit ... 70
  Exkurs: Fundgrube Messel – Ein Schaufenster der Erdgeschichte ... 71
1.2. Lebensbilder aus der Erdgeschichte ... 74
1.3. Brückentiere – Hinweise für die stammesgeschichtliche Entwicklung der Wirbeltiere ... 78
  Exkurs: Ein „lebendes Fossil" ... 79
1.4. Wie lassen sich Übereinstimmungen im Körperbau erklären? ... 80
  Exkurs: Homologie von Blättern ... 81
1.5. Umwege in der Keimes- und Larvenentwicklung ... 82

2. **Theorien zur stammesgeschichtlichen Entwicklung** ... 83
2.1. Wie kann das Leben entstanden sein? ... 83
2.2. Evolutionstheorien im Streit der Meinungen ... 84
  Exkurs: Auf den Galapagos-Inseln ... 85
2.3. Wie kann es zur Bildung neuer Arten kommen? ... 86
  Übung: Evolution ... 88

3. **Stammesgeschichte des Menschen** ... 89
3.1. Woher kommt der Mensch? ... 89
3.2. Auf dem Weg zum Menschen ... 93
3.3. Sonderstellung des Menschen ... 98
3.4. Menschenrassen – Ergebnis einer langen Entwicklungsgeschichte ... 100

Mensch und Umwelt

1. **Belastung der Umwelt durch den Menschen** ... 102
1.1. Gewässer in Not ... 102
  Übung: Gewässergüte ... 105
1.2. Reinhaltung der Gewässer durch Abwasserklärung ... 106
1.3. Gefahren aus der Luft ... 108
  Exkurs: „Atemnot" durch Smog ... 111

2. **Umweltplanung** ... 112
2.1. Geschädigte und bedrohte Landschaft ... 112
2.2. Gepflegte und geschützte Landschaft ... 114
2.3. Ein Moor wird renaturiert ... 116

Register ... 118

Bildquellenverzeichnis

Titelbild: Storck/MAURITIUS; 6/1: Benelux-Press/BAVARIA; 8/2, 9/4: Kage; 11/1, 12/4, 12/6, 15/1: L. Nilson, aus: „Ein Kind entsteht", Mosaik-Verlag, München; 16/1: Schumacher; 18/1: Rogge; 19/2: Benser/ZEFA; 21/1: Ferl; 24/1: MAURITIUS; 26 Ex.: Niki de St. Phalle, Vom Händchenhalten kriegt mans nicht, Verlag C.J. Bucher GmbH, München; 26/1: Positiv? Negativ?, GTB Sachbuch, Gütersloher Verlagshaus Gerd Mohn; 27/2: Gelderblom/Bayer; 28/2: JACANA; 29/1: Mordillo, Bundeszentrale für gesundheitliche Aufklärung, Köln; 30/1: Dr. Scharf; 32/1: Bremerland Molkerei eG, Bremen; 34/1: Kage; 34/2: Hofman-La Roche, Basel; 35/2: Kage; 37/3: biodetox, Ahnsen; 38/1: SILVESTRIS; 39/2, 39/3: Rogge; 40/1: Apel; 42/5: Rogge; 46/1: JACANA; 47/4: Lieder; 52/1: SILVESTRIS; 54/1: Ferl; 54/2: Knippenberg; 55/3, 55/4: Rogge; 56/1: Cash/MAURITIUS; 57/4: Lieder; 58/1: Rogge; 61/3: ZEFA; 65/2: MAURITIUS; 65/3: BIO-INFO; 67/1: Grohe; 70/1: Höch; 71/2, 72/3: Natur-Museum Senckenberg, Dr. Franzen; 72/4: Mathias; 73/5: Natur-Museum Senckenberg, E. Haupt; 78/1: Ais/dpa; 79/3: Natur-Museum Senckenberg, E. Haupt; 79/4: Schauer; 81/2 A: Reinhard; 81/2 B: Sauer/BAVARIA; 81/3 ob.: Hanumantha/ZEFA; 81/3 unt.: Plöttner/XENIEL; 84/1: Rohdich/SILVESTRIS; 86/1: Animals, New York; 87/2 A: Pforr/SILVESTRIS; 87/2 B: Reinhard/MAURITIUS; 89/2: v. Lawick, aus: In the Shadow of Men, Collins, London; 90/3: Angermayer; 93/1: Leakey, London; 95/5, 96/6: Rainbird, London; 98/1: Root/OKAPIA; 98/2: Rogge (Nds. Landesmuseum, Hannover); 99/3: Jones/ZEFA; 99/4: Amerikanische Botschaft; 100/1: BAVARIA, dpa, MAURITIUS, ZEFA; 102/1: Keresztes/ZEFA; 104/4: Stelter; 106/1: BASF, Ludwigshafen; 108/2: Rogge; 109/4: BAVARIA; 110/5 A: Riedmiller/SILVESTRIS; 110/5 B: Irsch/SILVESTRIS; 110/5 C: dpa, Frankfurt; 112/1: Adam/ZEFA; 112/2: Rogge; 113/3: ZEFA; 113/4, 114/1: MAURITIUS; 114/2: Prof. Dr. Strauß; 115/3: Rogge; 115/4: Tankum See GmbH; 116/1: Markmann/SILVESTRIS; 116/2: Warnke/BAVARIA.

Sexualität und Gesundheit

1 Jugendliche

1. Pubertät – Zeit der Reife

„In letzter Zeit komme ich mit meinen Eltern nicht mehr so gut aus." „Meine Eltern behandeln mich manchmal wie ein Kleinkind." Solche Aussagen kennst du sicherlich aus Gesprächen mit deinen Freunden und Freundinnen. Wenn das Zusammenleben bisher harmonischer ablief, woher kommt es dann plötzlich zu solchen Meinungsverschiedenheiten zwischen Eltern und Kindern?

Diese Veränderungen treten fast immer dann auf, wenn die Jugendlichen in der **Pubertät** sind. Es ist die Zeit, in der Jugendliche zu Erwachsenen heranreifen. Dieser Reifungsprozess aber verläuft mit erheblichen seelischen, geistigen und körperlichen Entwicklungsschüben.
Mal sind die Jugendlichen übermütig und müssen über alles lachen. Dann gibt es wieder Zeiten, in denen sie ernsthaft diskutieren und über vieles nachdenken. Sie werden kritischer – auch ihren Eltern gegenüber – und wollen selbstständig entscheiden. Für Eltern ist dieses neue, oft wechselnde Verhalten zunächst ungewohnt. Sie können sich nicht immer ohne weiteres darauf einstellen. Für beide Generationen kann diese Zeit nervenaufreibend und belastend sein. Wenn aber Eltern und Kinder alle auftretenden Probleme von Anfang an gemeinsam besprechen, wächst das Verständnis füreinander.

Vielfach können Jugendliche während der Pubertät ihre „Launen" nicht so recht kontrollieren. Das liegt auch an der hormonellen Umstimmung des Körpers. Hierbei ist wesentlich die *Hirnanhangsdrüse* (Hypophyse) beteiligt. Sie löst mit ihren Hormonen die Bildung von weiblichen und männlichen Hormonen aus. Diese Hormone bestimmen ganz wesentlich auch Stimmungen und Gefühle.
Zahlreiche körperliche Veränderungen während der Pubertät werden durch die gleichen Hormone bewirkt. Die Jugendlichen bemerken z.B., dass der Körper sich auffallend streckt und dass die *Achsel- und Schamhaare* zu wachsen beginnen.

Bei den Mädchen wird das *Becken breiter* und die *Brüste* wachsen. Während Gebärmutter und Scheide sich vergrößern, reift im Eierstock die erste Eizelle heran. Davon bemerkt das Mäd-

Sexualität und Gesundheit

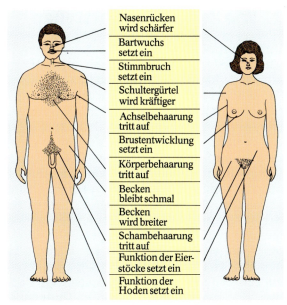

2 Ausbildung der Geschlechtsmerkmale

chen nichts. Erst wenn die erste *Menstruation* (Regelblutung, Periode) eintritt, weiß es, dass die Eierstöcke ihre Tätigkeit aufgenommen haben und es nun Kinder bekommen kann. Mit der Menstruation wird die Gebärmutterschleimhaut, die sich im Laufe von etwa 3 Wochen gebildet hat, abgestoßen. Dieser Vorgang wiederholt sich etwa alle vier Wochen.

Die Jungen bekommen *breitere Schultern* und ein *kantigeres Gesicht.* Ihre Stimme verändert sich und wird tiefer. Im Gesicht sind erste *Barthaare* zu entdecken. Während Hoden und Glied (Penis) heranwachsen, bilden sich im Hoden die *ersten Samenzellen.* Sie werden zunächst im Nebenhoden gespeichert. Der erste *Samenerguss* erfolgt meist unbewusst nachts. Dabei füllen sich die Schwellkörper mit Blut. Das Glied wird größer und dicker und richtet sich auf. Zusammen mit Flüssigkeit aus der Vorsteherdrüse und der Bläschendrüse werden dann einige Millionen Samenzellen gleichzeitig ausgestoßen. Ein solcher Samenerguss wiederholt sich von nun an in unregelmäßigen Abständen.

Aus dem Tagebuch einer 13-Jährigen

„Ich hab ziemliches Glück gehabt mit meinen Eltern. Die machen eine Menge mit. Vor allem mein Vater ist nicht so streng wie andere Väter. Mittags, wenn ich aus der Schule komm, dann mach ich mir was zu essen. Dann räum ich auf, mach die Betten – na ja und was sonst so anliegt. Manchmal mach ich auch mein Zimmer. Das dauert so eine Stunde. Danach habe ich Freizeit bis acht Uhr, dann muss ich wieder zurück zum Abendessen. Und wenn ich ins Kino will, kann ich auch länger wegbleiben. Meine Mutter glaubt, dass ich viel zu viel Freiheiten habe. Die findet das fast eine Schande, dass mein Vater mir so viel erlaubt. Bestimmt, weil sie das früher nicht durfte. Die ist einfach neidisch. Sie regt sich jetzt immer auf, wenn ich mal ein Bier trink oder eine Zigarette rauch. Sie findet das unnatürlich. Sie tut so, als ob sie nie jung gewesen wäre. Bestimmt hat sie das früher auch gemacht. Nur heimlich, weil denen das verboten war.
Wenn ich mit meiner Mutter alleine wäre, könnte ich sicher mit ihr reden. Die würde auch alles mitmachen. Aber sie hört ja immer auf das Gerede der anderen Leute. Und die Erwachsenen, die sabbeln sich oft ein Zeug zusammen. Besonders bei Mädchen. Wenn sie einen mal mit einem Jungen auf der Straße sehen, dann sagen die gleich: Die treibt sich ja nur mit Jungs rum. Oder sie sagen: so jung und schon verdorben …"

aus „Heike Hornschuh: Ich bin 13"

1. Berichte über Probleme, die Heike zur Zeit beschäftigen!

2. Vergleiche Heikes Schilderungen mit deinem Tagesablauf!

3. Wo siehst du zur Zeit bei dir selbst die größten Probleme!

4. Hast du deiner Meinung nach genug Freiheiten in deiner Familie?

5. Welche Pflichten hast du zu Hause übernommen?

2. Wie Keimzellen entstehen

Unser Körper besteht aus Milliarden Körperzellen. Ein Teil ist darauf spezialisiert, die zur Fortpflanzung notwendigen **Keimzellen** zu bilden. Während der Pubertät entstehen erstmals in den Hoden des Jungen die *Samenzellen* (Spermien); beim Mädchen reifen in den Eierstöcken die *Eizellen* heran. Während der Reifung zur Ei- bzw. zur Samenzelle geschieht etwas Einmaliges: Die 46 Chromosomen, die in jeder Körperzelle vorhanden sind, werden auf die Hälfte vermindert. So wird sichergestellt, dass es bei der Befruchtung einer Eizelle durch eine Samenzelle nicht zu einer Verdoppelung der Chromosomen von Generation zu Generation kommt. Die 23 Chromosomen der Eizelle vereinigen sich mit den 23 Chromosomen der Samenzelle zu einem vollständigen Chromosomensatz von 46 Chromosomen.

Die Verminderung von 46 Chromosomen auf 23 erfolgt in zwei Schritten. Durch Untersuchungen fand man heraus, dass sich jeweils zwei Chromosomen in Größe und Gestalt gleichen. Die 46 Chromosomen lassen sich zu 23 Paaren ordnen. Man nennt sie **homologe Chromosomen.** In jedem Paar stammt ein Chromosom ursprünglich vom Vater, das andere von der Mutter. Wenn sich die Keimzellen bilden, löst sich zunächst die Kernmembran auf. Gleichzeitig ordnen sich die homologen Chromosomen paarweise nebeneinander in der Mitte des Zellkerns, in der so genannten *Äquatorialebene*.
In der Nähe des Kerns liegt ein *Zentralkörperchen*. Dieses teilt sich und die beiden auf diese Weise entstandenen Zentralkörperchen wandern zu den entgegengesetzten Zellpolen. Zwischen den beiden Zentralkörperchen bildet sich die *Kernspindel* aus. Sie besteht aus zahlreichen Plasmafäden. Bis zu diesem Stadium laufen die Vorgänge genauso ab, wie wir sie von der Zellteilung (Mitose) her kennen.
Nun heften sich die Spindelfasern an je ein Chromosom, verkürzen sich und ziehen die 23 Chromosomenpaare auseinander. Eines der beiden homologen Chromosomen wird zu dem einen Zellpol, das andere Chromosom zu dem entgegengesetzten Pol gezogen. Dabei werden

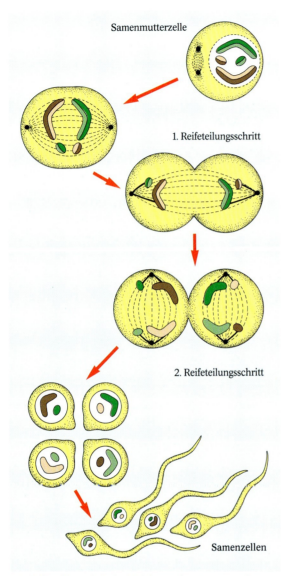

1 Reifeteilung bei der Bildung der Samenzellen

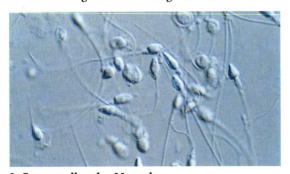

2 Samenzellen des Menschen

Sexualität und Gesundheit

durch die zufällige Verteilung der homologen Chromosomen auch die Erbanlagen vermischt und neu kombiniert. An jedem Zellpol bilden sich nun zwei neue Kerne aus, die nur noch je 23 Chromosomen enthalten. Der doppelte Chromosomensatz ist auf die Hälfte reduziert worden. Deshalb nennt man diese Zellteilung auch **Reduktionsteilung.**

Nach kurzer Pause schließt sich der 2. Teilungsschritt an. Jede der beiden Zellen teilt sich nun noch einmal. Da diese Teilung wie eine normale Zellteilung (Mitose) abläuft, ändert sich die Anzahl der Chromosomen nicht. Der gesamte Vorgang, der sich aus der Reduktionsteilung und der Mitose zusammensetzt, wird **Reifeteilung** (*Meiose*) genannt.

So entstehen in den Hoden des Mannes aus einer *Samenmutterzelle* jeweils 4 gleich große **Samenzellen.** Auf diese Weise entwickeln sich gleichzeitig einige Millionen Spermien, die im Nebenhoden gespeichert werden. Bis die Samenzelle ausgereift ist, vergehen mehr als zwei Monate. Diese Entwicklung läuft ohne Unterbrechung dauernd ab und kann bis ins hohe Alter andauern.

Bei der Reifung der **Eizellen** dagegen verteilt sich das Zellplasma der *Eimutterzelle* nicht gleichmäßig auf die 4 entstandenen Zellen. Nur die plasmareiche Eizelle bleibt erhalten, die übrigen drei gehen zugrunde. Obwohl im Eierstock eines neugeborenen Mädchens etwa 400 000 Eizellen vorhanden sind, reifen im Leben einer Frau nur ca. 400 von ihnen zu plasmareichen, befruchtungsfähigen Eizellen heran.

Die Ei- und Samenzellen sind in ihren Entwicklungsphasen gegenüber äußeren Einflüssen sehr empfindlich. Die Samenzellen brauchen zum Beispiel für ihre gesunde Entwicklung eine Temperatur, die etwas unter der Körpertemperatur liegt. Daher befinden sich die Hoden außerhalb des Bauchraumes. Kinderkrankheiten wie zum Beispiel Mumps und auch Zellgifte wie Alkohol, Nikotin und bestimmte Chemikalien können die Reifung der Keimzellen stören. Auch durch Röntgenstrahlen oder radioaktive Strahlung kann das Erbgut in den Chromosomen geschädigt werden.

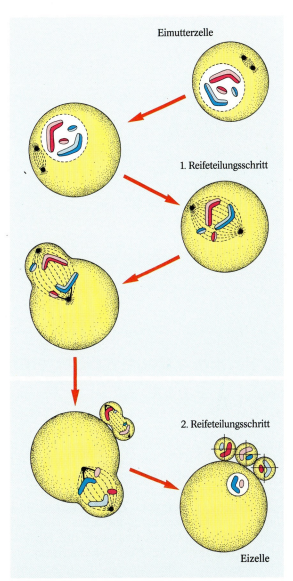

3 Reifeteilung bei der Bildung der Eizellen

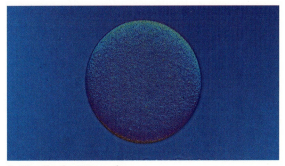

4 Eizelle des Menschen

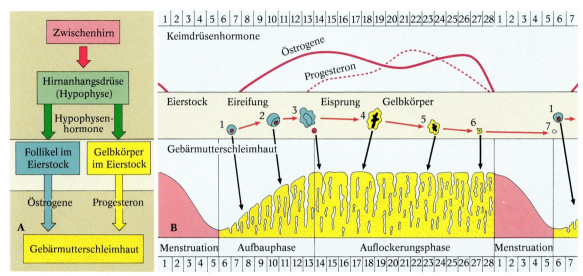

1 Weiblicher Zyklus. A Hormonwirkungen; B Normaler Menstruationszyklus

1. Beschreibe die Vorgänge in Eierstock und Gebärmutter mithilfe der Abbildung 1!

3. Hormone steuern die Eireifung

„Das einzige Regelmäßige an der Regel ist ihre Unregelmäßigkeit", hat ein Mediziner einmal gesagt. Viele Frauen, besonders junge Mädchen, können diese Aussage bestätigen. Wieso ist der weibliche Zyklus so störanfällig?

Normalerweise wiederholen sich im Körper der Frau ganz bestimmte Vorgänge in regelmäßigen Abständen. Der **weibliche Zyklus** beginnt am 1. Tag mit der *Regelblutung*, die 3 bis 5 Tage andauert. Angeregt durch Hormone der Hirnhangsdrüse beginnt im Eierstock die *Eireifung*. Die Eierstöcke selbst werden dann zur Hormonbildungsstätte. Im Eibläschen (Follikel), bilden sich *Follikelhormone*, so genannte **Östrogene**. Über das Blut gelangen sie in den ganzen Körper und beeinflussen die Entwicklung der Gebärmutterschleimhaut. Sie wächst im Laufe einer Woche auf 5 bis 7 mm heran.

In der Mitte des Zyklus, etwa am 13. Tag, erfolgt der *Eisprung*. Während daraufhin die Östrogenbildung zurückgeht, wird ein neues Hormon freigesetzt. Das leere Follikelbett hat sich zum Gelbkörper umgewandelt und produziert nun das **Progesteron** *(Gelbkörperhormon)*. Auch Progesteron beeinflusst die Gebärmutterschleimhaut. Sie wird reicher durchblutet und lockert sich auf. So bereitet sie sich auf die eventuelle Einnistung einer befruchteten Eizelle vor. Erfolgen jedoch keine Befruchtung und Einnistung, bildet sich der Gelbkörper zurück, und die Hormonproduktion versiegt. Fehlt das Progesteron, bleibt die Schleimhaut der Gebärmutter nicht mehr erhalten. Sie wird aufgelöst und etwa am 28. Tag abgestoßen. Es setzt die Regelblutung ein. Damit beginnt der *periodische Ablauf* von neuem.

Alle diese Vorgänge werden von Hormonen gesteuert. Dabei beeinflussen sich die unterschiedlichsten Hormone von Zwischenhirn, Hirnhangsdrüse und Eierstock gegenseitig. Zu Beginn der Pubertät ist diese Hormonregelung besonders häufigen Schwankungen unterworfen. Deshalb haben gerade junge Mädchen unregelmäßige Blutungen. Hinzu kommt, dass zum Beispiel Urlaubsreisen, Sorgen und aufregende Erlebnisse das Hormonsystem beeinflussen. Dadurch kann der Zyklus ebenfalls gestört werden. Ist eine Frau etwa 50 Jahre alt, reifen in ihrem Körper keine Eizellen mehr heran und die Regelblutungen hören auf.

Sexualität und Gesundheit

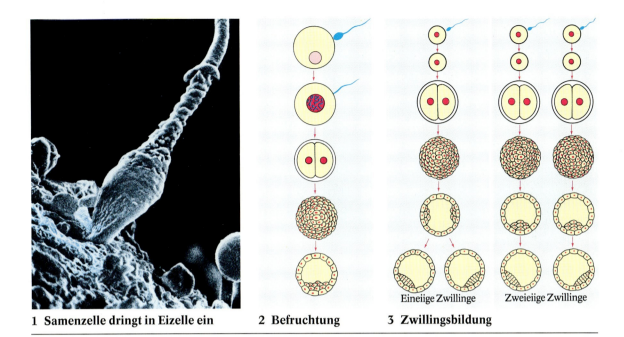

1 Samenzelle dringt in Eizelle ein 2 Befruchtung 3 Zwillingsbildung

Eineiige Zwillinge   Zweieiige Zwillinge

4. Ein neuer Mensch entsteht

Wenn neues Leben entstehen soll, sind dazu eine reife **Eizelle** von der Frau und eine **Samenzelle** vom Mann notwendig.

Um den 13. Tag des weiblichen Zyklus erfolgt der Eisprung. Gelangen jetzt Samenzellen in die Scheide, finden sie gute Bedingungen vor, um die Eizelle im Eileiter zu erreichen. Der Schleimpfropf im Gebärmutterhals, der die übrige Zeit zäh ist, wird dünnflüssig. Die Samenzellen können nun leichter hindurchgleiten. Viele von den 200 Millionen Samenzellen eines Samenergusses gehen jedoch in den Falten von Scheide und Gebärmutter zugrunde. Außerdem sind die Samenzellen nur wenige Stunden lebensfähig. Eine große Anzahl gleitet dennoch durch die Gebärmutter in die Eileiter. In einem der beiden Eileiter bewegt sich die Eizelle mit dem Flüssigkeitsstrom in Richtung Gebärmutter. Hier treffen Eizelle und Samenzellen zusammen.

Nur eine einzige Samenzelle kann jedoch die Eizelle befruchten. Mit dem Kopf zuerst dringt sie in die äußere Zellhaut der Eizelle ein. Diese Zellhaut wird dadurch sofort für weitere Samenzellen undurchdringlich.

Während sich der winzige Samenzellkern durch Flüssigkeitsaufnahme vergrößert, wandern beide Kerne aufeinander zu. Wenn sie sich berühren, verschmelzen sie miteinander. Diesen Vorgang bezeichnet man als **Befruchtung**.

Während der Befruchtung vermischen sich die Chromosomen und damit die Erbanlagen der Mutter und des Vaters. Die befruchtete Eizelle teilt sich innerhalb von 30 Minuten zum ersten Mal: Es entstehen die ersten beiden Zellen eines neuen Lebewesens. Die Teilung setzt sich fort, bis sich ein Zellhaufen gebildet hat. Nach etwa 7 Tagen setzt er sich in der gut durchbluteten Schleimhaut der Gebärmutter fest: Man spricht von der **Einnistung**. Diese Einnistung wird von vielen Wissenschaftlern als der Beginn der Schwangerschaft angesehen.

Manchmal trennen sich die Zellen im 2-Zellen-Stadium vollständig voneinander. Aus jeder Zelle entwickelt sich ein Embryo. Man spricht von *eineiigen Zwillingen*. *Zweieiige Zwillinge* entstehen, wenn sich gleichzeitig zwei befruchtete Eizellen in der Gebärmutter entwickeln.

Sexualität und Gesundheit

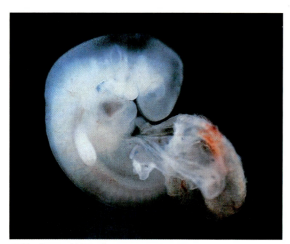

4 Embryo (5 Wochen, etwa 1 cm)

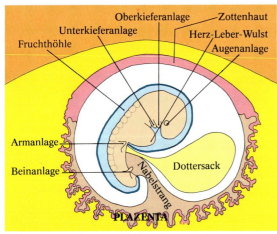

5 Embryo (5 Wochen, Schema)

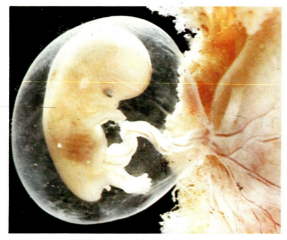

6 Embryo (9 Wochen, etwa 5 cm)

Im Laufe des 1. Schwangerschaftsmonats entwickelt sich durch fortgesetzte Zellteilungen der **Embryo.** Er ist dann 6 mm groß. Aus verschiedenen Gewebeschichten wachsen die Anlagen für die späteren Organe heran. Am Embryo lassen sich bereits Kopf und Körperumriss erkennen. Auch Gehirn, Herz und Blutgefäße entwickeln sich in diesem gerade stecknadelkopfgroßen Wesen. Bereits in der 3. Woche macht das Herz die ersten, noch unregelmäßigen Schläge.

Von allen diesen wichtigen Entwicklungsschritten hat die werdende Mutter meist noch nichts bemerkt. Erst wenn ihre Regelblutung ausbleibt, kann sie eine Schwangerschaft vermuten. Die Gebärmutterschleimhaut, in die sich die befruchtete Eizelle eingenistet hatte, wird nicht abgestoßen, sondern bleibt erhalten. Eine ärztliche Untersuchung und ein *Schwangerschaftstest* verschaffen ihr Gewissheit. Da eine Schwangerschaft etwa 266 Tage dauert, kann auch der voraussichtliche Geburtstermin errechnet werden. Die werdende Mutter sollte von nun an regelmäßig zu den *Vorsorgeuntersuchungen* gehen. Dabei wird die Gesundheit der Mutter und die des sich entwickelnden Kindes überwacht.

Während der gesamten **Embryonalentwicklung** wird der Keimling im Mutterleib versorgt. Dies geschieht über den **Mutterkuchen** (Plazenta), der sich in der Gebärmutter gebildet hat. Der Mutterkuchen stellt die Verbindung zwischen Mutter und Embryo her. Einige Teile bestehen aus embryonalem, andere aus mütterlichem Gewebe. Die wurzelartigen Verästelungen (Zotten) gehören zum embryonalen Gewebe. Sie enthalten Blutkapillaren des kindlichen Gefäßsystems. Die Zotten ragen tief in die Gebärmutterschleimhaut hinein und werden hier von mütterlichem Blut umspült.

Das kindliche Blut bleibt jedoch vom mütterlichen Blut durch eine dünne Membran getrennt, sodass es sich mit ihm nicht vermischt. Lebenswichtige Nährstoffe und Sauerstoff gelangen jedoch aus dem mütterlichen Blut über die Nabelschnur in das embryonale Blut. In umgekehrter Richtung wandern Kohlenstoffdioxid und Abbauprodukte des kindlichen Organismus durch die Membran und werden dann vom

Sexualität und Gesundheit

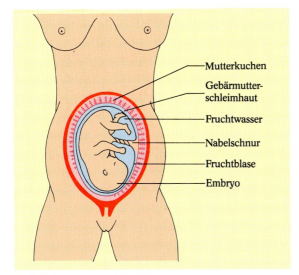

7 Gebärmutter mit Embryo

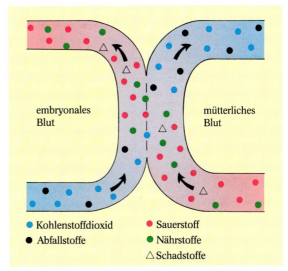

8 Stoffaustausch zwischen Mutter und Kind

1. Beschreibe den Stoffaustausch zwischen Mutter und Kind in Abbildung 8!

---

mütterlichen Blut abtransportiert. Giftstoffe wie Alkohol und Nikotin, aber auch Medikamente und Krankheitserreger können die Membran ebenfalls passieren. Infiziert sich die Mutter während der Schwangerschaft zum Beispiel mit *Rötelviren*, kann auch das ungeborene Kind davon befallen werden. Schwere Herzmissbildungen, Gehirnschäden und Linsentrübungen sind mögliche Folgen. Um solche Schäden zu vermeiden, wird heute jedem jungen Mädchen eine Schutzimpfung gegen Röteln empfohlen. Die Mutter selbst sollte außerdem dazu beitragen, ein gesundes Kind zu bekommen, indem sie während der Schwangerschaft Medikamente nur auf ärztlichen Rat zu sich nimmt und auf Zigaretten und Alkohol verzichtet.
Gegen Schlag und Stoß dagegen ist der Embryo weitgehend geschützt; denn er schwimmt in der mit Fruchtwasser gefüllten *Fruchtblase*.
Im Laufe des *2. Monats* entwickelt sich die äußere Form des Embryos: Arme und Beine entstehen, der Kopf wächst und allmählich bildet sich das Gesicht aus. Der Keimling wiegt jetzt etwa 1 g und ist 2 cm groß.
Während des *3. Monats* erreicht er dann eine Größe von 7 cm bis 8 cm und ein Gewicht von etwa 30 g. Jetzt kann man den Embryo schon deutlich als menschliches Wesen erkennen. Seine Gliedmaßen mit Fingern und Zehen wachsen heran und können selbstständig bewegt werden. Innere Organe wie Magen, Leber, Herz und Nieren sind bereits angelegt. Auch die Geschlechtsorgane entwickeln sich zu dieser Zeit. Nach dem 3. Schwangerschaftsmonat wird der Embryo **Fetus** genannt. Der Fetus macht einen *Wachstumsschub* durch, sodass er am Ende des *4. Monats* 16 cm groß und 150 g schwer ist. Das zunächst aus Knorpel bestehende Skelett bildet sich zum *Knochenskelett* um. Eine feine, dichte Behaarung bedeckt den gesamten Körper. Der Fetus bewegt sich jetzt zeitweise so stark, dass die Mutter die ersten *Kindsbewegungen* spürt. Der Arzt kann die Herztöne des Kindes abhören. Das kindliche Herz schlägt doppelt so schnell wie das eines Erwachsenen.
Im *5. Monat* kann der Fetus bereits Greifbewegungen ausführen und am Daumen nuckeln. Die Haut hat noch kein Fett eingelagert und ist deshalb durchsichtig. Man kann die Blutgefäße noch erkennen.

Säuglinge entwickeln sich mit Riesenschritten

Alter	Entwicklungsstand
Neugeborenes:	Kann den Kopf nicht heben, scheut extreme Licht- und Geräuscheinwirkungen, ist durch Streicheln oder Stillen zu beruhigen.
Ende 2. Monat:	Kopf kann kurz angehoben werden, fixiert und verfolgt Spielzeug mit den Augen, lächelt der Bezugsperson zu.
Ende 4. Monat	Rollt aus der Bauchlage in die Rückenlage, berührt und bewegt Spielzeug, lässt sich necken und lacht laut.
Ende 6. Monat:	Dreht sich aus der Rücken- in die Bauchlage, ortet einen Ton durch Kopf- und Blickwendung, unterscheidet zwischen bekannten und unbekannten Personen.
Ende 8. Monat:	Kommt von der Bauchlage zum Sitzen, lauscht einem Gespräch, ängstigt sich vor Fremden („fremdelt") und versucht, Bewegungen nachzuahmen.
Ende 10. Monat:	Kriecht vorwärts und rückwärts, sitzt gut im Kinderstuhl, schiebt Spielzeug zum Tischrand und probiert das Hinunterwerfen, wiederholt auf ein Lob hin Tätigkeiten, sagt erste Wörter, reagiert auf seinen Namen.
Ende 12. Monat:	Geht an der Hand, stellt zwei Bausteine aufeinander, spricht mindestens zwei sinnvolle Wörter Kindersprache, versteht Verbote wie „Nein", unternimmt erste Versuche, mit dem Löffel selbstständig zu essen.

2. Warum darf man ein 7 Monate altes Kind nicht unbeaufsichtigt auf dem Wickeltisch lassen?

3. Wann kommt das Kind in das „Krabbelalter"?

Im *6. Monat* öffnen sich die Augen, und das Gesicht wird schmaler.
Vom *7. Monat* an besteht das Wachstum nur noch in einer **Gewichts-** und **Größenzunahme.** Die Lungen sind voll ausgebildet, sodass der Fetus bei einer Frühgeburt lebensfähig ist. Er hat sich mit dem Kopf nach unten gedreht und so die normale Geburtslage eingenommen. In der Unterhaut bildet sich allmählich eine Fettschicht, die das Kind nach der Geburt vor Unterkühlung schützt. Das Kind, die Plazenta und das Fruchtwasser füllen die Gebärmutter völlig aus. Nach etwa 9 Monaten der Entwicklung kann das Kind geboren werden.

Ein Neugeborenes wäre ohne Hilfe nicht lebensfähig. Trotzdem genügt es nicht, es nur sauber zu halten und mit Nahrung zu versorgen. Für seine gesunde körperliche, geistige und seelische Entwicklung braucht es auch von Anfang an die beständige Bindung an eine Pflegeperson. Wichtig ist, dass diese Person sich liebevoll um das Kind kümmert und nicht oft wechselt. Längere Trennung von dieser **Bezugsperson** kann beim Säugling schwere seelische Störungen auslösen.

Während der ersten *3 Monate* seines Lebens schläft der Säugling zwischen den Mahlzeiten lange. Auf laute Geräusche reagiert er meist mit Erschrecken. Farbige Gegenstände in seiner Nähe kann er bereits fixieren. Beugt sich jemand über das Kind, zeigt es ein Lächeln.

Nach dem 3. Monat nimmt die Wahrnehmungsfähigkeit deutlich zu. Im Gehirn des Säuglings werden die *Nervenverknüpfungen* immer zahlreicher. Mit der *Reifung des Gehirns* ist die gesamte Entwicklung des Kindes eng verbunden. Es kann jetzt einen vorgehaltenen Gegenstand nicht nur erkennen, sondern es lernt auch, gezielt danach zu greifen. Das „*Begreifen*" beginnt beim Säugling auch mit dem *Betasten* durch den Mund.

Vater und Mutter können diese Reifungsprozesse unterstützen, indem sie sich viel Zeit für ihr Kind nehmen; denn gerade im ersten Lebensjahr werden die Grundlagen für die weitere Entwicklung gelegt.

Sexualität und Gesundheit

Übung: Entwicklung des Menschen

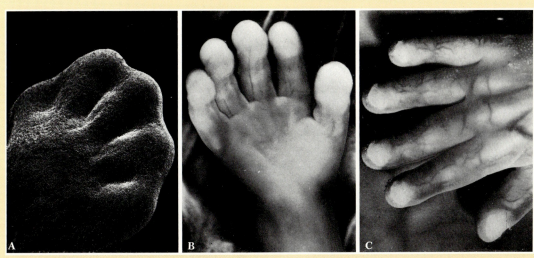

1 Entwicklung der Hand eines Ungeborenen im Mutterleib. A 6 Wochen; B 11 Wochen; C 20 Wochen

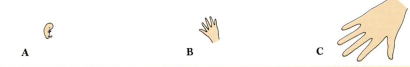

2 Tatsächliche Größe. A Embryo, 6 Wochen; B Hand, 11 Wochen; C Hand, 18 Wochen

A 1. Handentwicklung

a) Beschreibe die Entwicklung der Hände des Ungeborenen! Denke dabei an die tatsächliche Größe des Embryos bzw. seiner Hand!
b) Überlege, warum das Ungeborene gerade zu Beginn der Schwangerschaft gegenüber Giften und Medikamenten besonders empfindlich ist!

A 2. Entwicklung im Mutterleib

In der nebenstehenden Tabelle findest du die Längenzunahme des Ungeborenen vom ersten bis zum 10. Schwangerschaftsmonat (ein Monat zu 28 Tagen).
a) Trage auf kariertem Papier auf einer Längsachse die Monate und auf der Hochachse die Körperlänge ab (1 cm auf dem Papier entspricht einem Monat bzw. 5 cm Körperlänge)! Übertrage die Längenmaße aus der Tabelle und zeichne ein Säulendiagramm!

Zeit (am Ende des Monats)	Länge in cm
1	0,5
2	3
3	9
4	16
5	25
6	30
7	37
8	45
9	fast 50
10	> 50

b) In welchen Monaten ist der Längenzuwachs am größten?
c) Wie groß warst du bei deiner Geburt? Wie groß wärest du heute, wenn du nach der Geburt in jedem Jahr in gleichem Maße weitergewachsen wärst wie im Mutterleib?

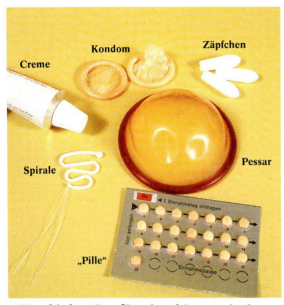

1 Verschiedene Empfängnisverhütungsmittel

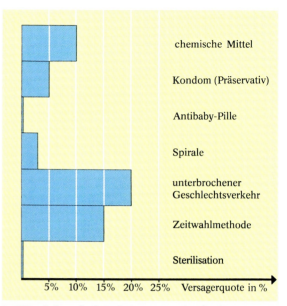

2 Wie sicher sind Verhütungsmethoden?

5. Verhütungsmethoden helfen bei der Familienplanung

Viele Paare wollen den Zeitpunkt des „Kinderkriegens" nicht dem Zufall überlassen. Man kennt heute verschiedene Methoden der **Empfängnisverhütung,** sodass die Wahl nicht immer leicht fällt. Wie zuverlässig sind die Methoden? Welche Nebenwirkungen können auftreten? Wie werden die Methoden richtig angewendet? – Diese Fragen sollten beide Partner klären. Sie können dann gemeinsam die Entscheidung für ein geeignetes Verhütungsmittel verantwortlich treffen.

Das **Kondom** *(Präservativ)* ist ein sehr dünner Gummiüberzug, der vor dem Geschlechtsverkehr über das steife Glied zu streifen ist. Nach dem Samenerguss wird das Kondom beim Herausziehen aus der Scheide am oberen Rand festgehalten, damit keine Samenflüssigkeit herauslaufen kann. Wenn dieses Verhütungsmittel richtig angewendet wird, kann es zusätzlich vor Ansteckung mit bestimmten Krankheitserregern, z.B. HI-Viren, schützen.
Chemische Verhütungsmittel wie *Cremes, Sprays, Zäpfchen* oder *Schaum* gibt es ohne Rezept. Diese Mittel müssen vor dem Geschlechtsverkehr in die Scheide eingeführt werden. Sie bilden dort eine Sperre für Samenzellen und wirken meist samenabtötend. Wenn man zusätzlich ein Kondom benutzt, kann man die empfängnisverhütende Wirkung erhöhen.
Die fast 100%ige Sicherheit der **Pille** ist für viele Mädchen und Frauen ein Grund, dieses Verhütungsmittel zu wählen. Allerdings muss dabei bedacht werden, dass die Pille die Hormone *Östrogen* und *Progesteron* enthält und somit in den Hormonhaushalt des weiblichen Körpers eingegriffen wird. Deshalb darf die Pille erst nach ärztlicher Beratung verschrieben werden. Die Hormone bewirken, dass die Eierstöcke die Eireifung einstellen und dass sich außerdem die Gebärmutterschleimhaut nicht ausreichend aufbaut. Damit erklärt sich die zuverlässige verhütende Wirkung.
Die **Spirale** wird vom Arzt in die Gebärmutter eingesetzt. Dort verhindert sie die Einnistung einer befruchteten Eizelle. Wegen möglicher Nebenwirkungen ist eine regelmäßige ärztliche Kontrolle notwendig.
Der „**unterbrochene Geschlechtsverkehr**" ist keine Verhütungsmethode. Bei diesem so ge-

Sexualität und Gesundheit

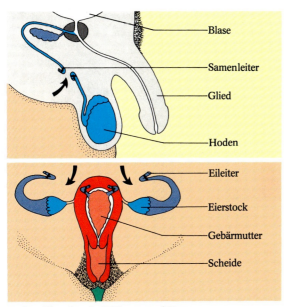

3 Sterilisation bei Mann und Frau

nannten „*Aufpassen*" zieht der Mann vor dem Samenerguss sein Glied aus der Scheide. Ohne dass er es bemerkt, sind jedoch schon vor dem Samenerguss Samenzellen ausgetreten.
Bei der **Zeitwahlmethode** berechnet die Frau den voraussichtlichen Tag des Eisprungs. Einige Tage vorher und nachher sollte kein ungeschützter Geschlechtsverkehr stattfinden.

Eine endgültige Methode zur Empfängnisverhütung stellt die **Sterilisation** dar. Beim Mann ist dazu ein verhältnismäßig kleiner Eingriff nötig: Unter örtlicher Betäubung werden die beiden Samenleiter im Hodensack durchtrennt. Die Fähigkeit zum Geschlechtsverkehr wird durch diese Maßnahme nicht beeinträchtigt. Eine Frau kann nur in Vollnarkose sterilisiert werden. Im Bauchraum werden die beiden Eileiter unterbrochen und damit undurchgängig gemacht.

Die *Kastration*, bei der Hoden und Eierstöcke entfernt werden, ist keine Methode zur Empfängnisverhütung. Ein solcher Eingriff geschieht meist aus Krankheitsgründen.

Schwanger – was nun?

In einem Jahr wird Beate (18 Jahre alt) ihre Lehre als Industriekauffrau beendet haben. Sie wohnt zu Hause bei ihren Eltern. Rainer (20 Jahre), ihr Freund, ist Student. Beide sind über ein Jahr lang befreundet und verbringen ihre Freizeit so oft wie möglich gemeinsam. Da sie sich sehr mögen, schlafen sie auch miteinander. Über eine gemeinsame Zukunft haben sie bisher kaum gesprochen. Als dann Beates Regelblutung ausbleibt, machen sie einen Schwangerschaftstest: Beate ist schwanger.
Beate und Rainer stehen nun vor einem großen Problem. Können und wollen sie in ihrer jetzigen Situation Eltern werden?
Versuche, dich in ihre Lage zu versetzen und folgende Fragen zu klären:

- Wie könnten Beate und Rainer den Lebensunterhalt für eine gemeinsame Zukunft bestreiten?
- Was muss getan werden, damit sie genügend Zeit für die Betreuung des Babys haben?
- Sollte Beate ihre Ausbildung bzw. Rainer sein Studium aufgeben?
- Was alles braucht ein Säugling, wenn er auf die Welt kommt?
- Wäre es eine Lösung, wenn die zukünftigen Großeltern die Betreuung des Säuglings übernähmen?
- Wo finden Beate und Rainer medizinische Beratung?
- Welche Hilfen gibt es für Mütter, die ihre Kinder alleine erziehen wollen?
- Wo gibt es Beratungsstellen, die bei einer ungewollten Schwangerschaft weiterhelfen können?
- Erkundige dich, was der § 218 StGB zum Schwangerschaftsabbruch aussagt!
- Lies nach, wie sich ein Embryo bis zum 3. Monat entwickelt hat!
- Welche Aussagen machen die Kirchen zum Schutz des ungeborenen Lebens? Welche Hilfen bieten sie an?
- Was hältst du von einer Freigabe des Kindes zur Adoption?

Was wäre, wenn dein Freund/deine Freundin dir sagen würde: Jetzt reicht's mir aber. Du willst bei allem und jedem dabei sein. Ich kann das nicht mehr ertragen. Ich möchte dich nicht mehr so oft sehen.

Wie würdest du dich verhalten, wenn du erfährst, dass dein Freund/deine Freundin bereits mit jemandem geschlafen hat?

Was würdest du denken, wenn deine Freundin/dein Freund Zärtlichkeiten mit dir austauschen möchte?

Wie würdest du reagieren, wenn dein Freund/deine Freundin sich in jemand anderen verliebt?

1 Freundschaft

6. Partnerschaft und Verantwortung

Bei Anke hat es „gefunkt". Sie hat Michael bei einer Fete kennen gelernt und nun bekommt sie jedesmal Herzklopfen, wenn sie ihn sieht. Michael geht es kaum anders: Wenn er Anke begegnet, spürt er so eine merkwürdige Aufgeregtheit.

Wenn man sich verliebt, ist das ein tolles Gefühl, das Jugendliche besonders stark erleben. Sie verhalten sich dann sehr unterschiedlich. Einige wollen dann nur noch die ganze Freizeit mit ihrem Freund oder ihrer Freundin verbringen und träumen tagsüber in Schule oder Beruf vom Zusammensein. Andere bleiben äußerlich ganz „cool" und lassen die aufregenden Gefühle kaum zu. Oft ist es schwer, sich mit all den Erfahrungen, die man mit seinem Partner oder seiner Partnerin macht, auseinander zu setzen. Jeder Tag kann neue Erlebnisse bringen. Manche Mädchen und Jungen sind jetzt öfter mit ihrer Clique zusammen. Die Gruppe gibt ihnen Sicherheit und Selbstvertrauen und oft finden sie dort Freunde, mit denen sie ihre Erlebnisse und Probleme besprechen können.

Freundschaften, die während der Pubertät geschlossen werden, gehen oft schnell auseinander. Erst später, wenn der Heranwachsende seine eigenen Interessen entwickelt hat und sich selbst mit allen seinen Bedürfnissen besser kennt, fällt es ihm leichter, länger andauernde Beziehungen aufzubauen.

Wie würde wohl mein Partner entscheiden? Was ist für unsere Beziehung wichtig? Kann ich das dem anderen zumuten? – Solche Fragen stellt man sich oft, weil man bei allen Überlegungen auch den Partner mit einbezieht. Der Wunsch nach eigener Zufriedenheit steht nicht mehr allein im Vordergrund. So entwickelt sich im Laufe der Zeit das Gefühl, füreinander da zu sein. Allmählich wachsen gegenseitiges *Vertrauen* und *Verantwortung* füreinander.

Wenn sich zwei Menschen gut verstehen und bereits längere Zeit zusammen sind, möchten sie sich auch körperlich sehr nahe sein. Dann „schlafen sie miteinander", wie man sagt. Beim *Geschlechtsverkehr* kommt es bei der Frau und beim Mann zum sexuellen Höhepunkt, dem *Orgasmus*. Danach klingt die sexuelle Erregung ab.

Verstehen sich Mann und Frau gut, ist der Geschlechtsverkehr ein Ausdruck von Zärtlichkeit

Sexualität und Gesundheit 19

Die Familie ist die natürliche und grundlegende Zelle der menschlichen Gesellschaft und hat Anspruch auf den Schutz durch Gesellschaft und Staat.
Erklärung der Menschenrechte der UN

Vater, Mutter, Kinder – das Ergebnis von Zufällen, der reine Zweckverband. Sonst ist nichts drin. Die Familie ist nicht mehr zu retten.
Ein 18-Jähriger

Die Familie gewährt dem Menschen jene Liebe und Sicherheit, in der das Urvertrauen zu Mitmenschen wächst. Und dieses Vertrauen ist die Voraussetzung für seine freie Entfaltung.
Ein Verhaltensforscher

Familie ist, wo man nicht rausgeschmissen wird.
Ein Heimkind

2 Familie, warum?

1. Vergleiche die Aussagen zur „Familie" in Abbildung 2 miteinander! Wie ist deine Meinung dazu?

und Liebe. Er kann beide glücklich machen. Viele Paare müssen im Laufe von Jahren erst lernen, auch auf diesem Gebiet ein harmonisches Miteinander zu erreichen. Es ist nicht immer leicht, sich aufeinander einzustellen und sich in der neuen Rolle als gleichberechtigten Partner zu begreifen.

Gerade in der Sexualität zeigt sich, dass Verantwortung und Verständnis für den anderen nichts mit der Protzerei einiger Jugendlicher zu tun hat. Manche junge Männer zählen dann zum Beispiel stolz auf, wie viel Mädchen sie schon „gehabt" haben oder mit welchen Tricks man am schnellsten an sie „herankommt". Einige junge Mädchen ziehen sich so aufreizend an, dass sie vom anderem Geschlecht nur als *Sexualobjekt* betrachtet werden. Auf solcher Grundlage entwickelt sich selten eine Partnerschaft, die lange andauert und beide glücklich macht.

Irgendwann steht jeder Mensch vor der Entscheidung, wie er sein Leben verbringen möchte. Für viele ist die Ehe mit Kindern ein Lebensziel. Es gibt aber auch Menschen, die keine feste Partnerschaft eingehen wollen und deshalb allein leben.
Andere haben inzwischen die Erfahrung gemacht, dass sie am liebsten mit Menschen des gleichen Geschlechts zusammen sind. Homosexuelle Frauen (Lesben) und Männer (Schwule) haben oft gegen Vorurteile zu kämpfen. Denn in unserer Gesellschaft galt lange Zeit die Ansicht, dass nur der sexuelle Kontakt zwischen verschiedengeschlechtlichen Partnern normal sei. Doch immer mehr Homosexuelle wollen ihr Verhalten nicht länger verheimlichen. Denn jeder hat ein Recht darauf, mit seinen Gefühlen und Entscheidungen toleriert und akzeptiert zu werden. Dabei darf er allerdings das Wohlergehen der anderen nicht beeinträchtigen.

2. Mögliche Gründe für eine Ehe sind: – Wunsch nach Geborgenheit – Wunsch nach Kindern – Gemeinsame Ziele verwirklichen – Liebe – Wunsch nach Unabhängigkeit von den Eltern – Um im Alter nicht allein zu sein.
Welche Gründe wären für dich wichtig? Stelle eine Rangfolge auf!

Nele, ein 12-jähriges Mädchen, geht mit Wolfgang, 35 Jahre alt, Freund ihres Stiefvaters, spazieren.

„Ich zeig dir etwas Schönes", sagte Wolfgang und bog nach einer Weile in einen Seitenweg ab, wo zu beiden Seiten junge Lärchen wuchsen. „Du musst ihre Blätter anfassen und ihren Duft riechen!"
Er zog einen Zweig herunter, legte ihn gegen ihre Wange und als sie die weichen Nadeln an ihrem Gesicht spürte und den würzigen Geruch einsog, mischte sich plötzlich Wolfgangs Eau de Cologne ein. Seine Lippen strichen an ihrem Ohr, ihrer Wange entlang. Nele hielt still, als sein Mund ihre Lippen berührte und seine Zunge die weiche Innenhaut streichelte. Doch dann packte sein Arm fester zu, presste sie an sich und drängte sie gegen den Baumstamm. Sie erschrak, wich zurück, wich aus und Wolfgang ließ los.
„Verzeih mir! Meine Gefühle sind mit mir durchgegangen." Nele stand steif, überwältigt.
„Ich hab dich wirklich gern", sagte er.
Wie konnte er das so schnell wissen!

1 Textauszug aus „Nele" von Magret Steenfalt

1. Wie versucht Wolfgang, Neles Gefühle auszunutzen?

Hier kannst du kostenlos und ohne deinen Namen zu nennen Hilfe erhalten:
– Deutscher Kinderschutzbund
– Frauenhäuser/ Frauenzentren
– Jugendamt
– Mädchentreffs/ Mädchenhäuser
– Nottelefon für Kinder und Frauen
– Verschiedene Beratungsstellen „Sexueller Kindesmissbrauch"
– Pro Familia
– Telefonseelsorge
– Psychologische Beratungsstellen

2 Hier findest du Hilfe

7. Formen des menschlichen Sexualverhaltens

Sexueller Missbrauch von Kindern und Jugendlichen durch Erwachsene ist leider nicht selten. Dabei kommt es zu sexuellen Handlungen, bei denen Kinder und Jugendliche die Opfer sind.
Normalerweise bringt ein Kind seinen Bezugspersonen im Familien- und Bekanntenkreis großes Vertrauen entgegen. Gerade dieses Vertrauen wird von einigen Erwachsenen ausgenutzt. Sie benutzen Kinder, um ihre eigenen Bedürfnisse nach Anerkennung, Zärtlichkeit und Sexualität zu befriedigen.
Das Opfer aber fühlt sich in solchen Situationen den Erwachsenen ausgeliefert, in seiner Seele zutiefst verletzt und entwickelt große Angst. Auch schämt es sich für etwas, für das es überhaupt nicht verantwortlich ist. Hinzu kommt, dass der Täter das Opfer zwingt, mit keinem über seine Erlebnisse zu sprechen und ihm harte Strafen androht.
Die Auswirkungen sexueller Ausbeutung sind umso schwerwiegender, je länger sie andauern und je stärker Gewalt dabei eine Rolle spielt. Kinder und Heranwachsende, die sexuell ausgebeutet werden, brauchen verständnisvolle Hilfe.

Erscheinungsformen der Sexualität

Exhibitionisten sind Menschen, die ihre Geschlechtsteile vor anderen entblößen.

Fetischisten brauchen für ihre sexuelle Erregung bestimmte Gegenstände, häufig Kleidungsstücke.

Masochisten gelangen nur zur sexuellen Befriedigung, wenn sie sich körperlich oder seelisch Schmerzen zufügen lassen.

Prostituierte sind Frauen oder Männer, die gegen Bezahlung ihren Körper für sexuelle Handlungen zur Verfügung stellen.

Sadisten suchen sexuelle Befriedigung, indem sie andere Menschen körperlich oder seelisch quälen.

Voyeure beobachten heimlich andere bei sexuellen Handlungen und finden dadurch Befriedigung.

Sexualität und Gesundheit 21

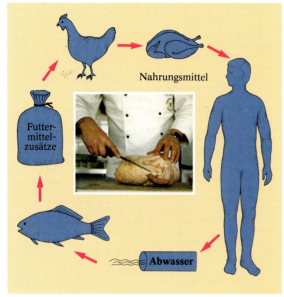

1 Infektionskette einer Salmonellenerkrankung

Krankheit	Übertragung der Erreger	Inkubations-zeit
Keuch-husten	Einatmen von Bakterien	7–21 Tage
Tuber-kulose	Einatmen von Bakterien, Haut- und Schleimhaut-wunden	meist Wochen oder Monate
Tetanus (Wundstarr-krampf)	Eindringen von Bakterien in offene Wunden, auch kleinste Verletzungen	4–60 Tage
Röteln	Einatmen, Berührung von Viren	12–21 Tage
Masern	Tröpfchenübertragung von Viren	8–14 Tage
Mumps	Tröpfchenübertragung von Viren	8–22 Tage

2 Steckbriefe einiger Infektionskrankheiten

8. Infektionskrankheiten durch Bakterien und Viren

Ein Feuerwehrverein hat seine Jugendlichen im Sommer zu einem Grillfest eingeladen. Es gibt Würstchen mit Kartoffelsalat. Am Nachmittag bekommen einige Mitglieder Kopf- und Bauchschmerzen. Als sie dann ein heftiger Durchfall plagt und das Fieber auf 40°C steigt, wird ein Arzt gerufen. Er stellt eine Lebensmittelvergiftung, eine *Salmonellose* fest.

Die Ansteckungsquelle für eine solche Erkrankung lässt sich nicht immer eindeutig feststellen, weil es zahlreiche Infektionsmöglichkeiten gibt. Die Erreger der Salmonellose sind **Bakterien,** die häufig schon beim Schlachten und Verarbeiten von Fleisch und Eiern in die Nahrung gelangen. Die Bakterien werden durch Einfrieren leider nicht abgetötet. Wird das Gefriergut aufgetaut, vermehren sich die Bakterien bei Zimmertemperatur sehr schnell. Deshalb ist es besonders wichtig, die Erreger durch Kochen und gutes Durchbraten unschädlich zu machen.
Bei der Salmonellose beträgt die Zeit von der Ansteckung bis zum Ausbruch der Krankheit, die **Inkubationszeit,** nur wenige Stunden. Die Bakterien vermehren sich während dieser Zeit im menschlichen Körper schnell und scheiden giftige Stoffe aus. Der Organismus reagiert darauf mit Fieber. Nach 3 bis 5 Tagen klingen die Krankheitserscheinungen ab. Die Phase der Gesundung, die **Rekonvaleszenz,** schließt sich an. Durch ärztlich verordnete Medikamente wie Antibiotika lässt sich der Krankheitsverlauf einer solchen Infektionskrankheit verkürzen.

Die meisten Kinderkrankheiten wie Masern, Mumps und Röteln werden nicht durch Bakterien, sondern durch **Viren** ausgelöst. Die *Kinderlähmung* ist eine solche Viruserkrankung. Sie kann Menschen in fast jedem Alter befallen und beginnt oft mit Schnupfen, Fieber, Halsschmerzen und Schläfrigkeit. Da die Kinderlähmungsviren 0,0012 mm klein sind, blieb der erstaunliche Vorgang der Virusvermehrung den Forschern lange Zeit verborgen. Heute weiß man, dass die Viren der Kinderlähmung durch den Mund in den Darm des Menschen gelangen. Dort dringen sie in die Schleimhautzellen ein. Im Plasma löst sich die Eiweißhülle auf, und die Erbsubstanz des Virus wird freigesetzt. Diese Erbsubstanz veranlasst die Schleimhautzelle

Virus – was ist das eigentlich?

Viele Jahre lang suchte man vergeblich nach den Erregern von Kinderlähmung oder Grippe. Erst unter dem Elektronenmikroskop entdeckte man winzige, bisher unbekannte Krankheitserreger. Man nannte sie Viren.
Ein Virus ist einfach gebaut. Die äußere, oft mit Stacheln besetzte Eiweißhülle umschließt eine Substanz, mit deren Hilfe sich das Virus teilen kann. Man bezeichnet diese Substanz als Erbsubstanz. Außer Eiweißhülle und Erbsubstanz enthalten Viren keine weiteren Bestandteile. Sie brauchen daher pflanzliche, tierische oder menschliche Zellen, in denen sie leben und sich vermehren.

Fachleute sind sich bis heute nicht einig, ob Viren überhaupt Lebewesen sind. Sie stehen auf der Grenze zwischen belebter und unbelebter Natur.

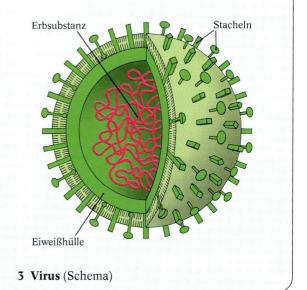

3 **Virus** (Schema)

nur noch neue Viren herzustellen. Irgendwann stirbt die Zelle ab und zahlreiche Viren werden frei, die weitere Zellen befallen.
Viele Patienten erholen sich nach wenigen Tagen, ohne dass die Krankheit als Kinderlähmung erkannt wird. Die Viren können jedoch mit dem Blut ins Rückenmark gelangen. Dort kommt es dann zu *Nervenentzündungen*. Lähmungen in den Beinen und im Genick sind häufige Folgen. Eine Lähmung der Atemmuskulatur kann zum Tode führen.
Durch die Einführung der **Schutzimpfung** im Jahre 1961 ist die Anzahl der Erkrankungen stark zurückgegangen. Wenn weiterhin jeder Krankheitsfall amtlich registriert wird und die Bevölkerung die *Schluckimpfungsaktionen* annimmt, wird es auch in Zukunft kaum noch Fälle dieser gefürchteten Infektionskrankheit geben.

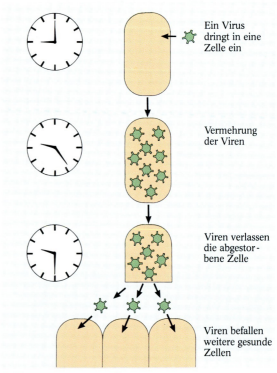

1. *Beschreibe den Kreislauf einer Salmonellose!*

4 **Vermehrung von Viren**

Sexualität und Gesundheit

Erkrankungen der Geschlechtsorgane

Mögliche Krankheitsmerkmale	Mann	Frau	Mögliche Krankheitsmerkmale
Jucken und Brennen in der Harnröhre, Stechen beim Wasserlassen			Brennen beim Wasserlassen
Schleimig-eitriger Ausfluss aus der Harnröhre			Schleimig-eitriger Ausfluss
Geschwüre an den Geschlechtsorganen			Juckreiz an der Scheide
Schmerzen			Rötung der Schamlippen
			Rückenschmerzen

Wie alle anderen Organe unseres Körpers können auch die Geschlechtsorgane erkranken. Die früher weit verbreiteten Geschlechtskrankheiten **Tripper** und **Syphilis** sind bei uns stark zurückgegangen. Die Übertragung der Bakterien erfolgt fast ausschließlich beim Geschlechtsverkehr. Einige Zeit nach der Infektion machen sich die Krankheiten durch Brennen und Stechen beim Wasserlassen oder durch ein kleines Geschwür bemerkbar. Man sollte dann unbedingt zum Arzt gehen, denn nur er kann die richtige Diagnose stellen. Tripper und Syphilis lassen sich mithilfe von Antibiotika heilen, wenn die Behandlung frühzeitig und konsequent erfolgt.

Häufiger suchen Männer und Frauen die Arztpraxis wegen anderer Beschwerden auf. In der Scheide der Frau bzw. in der Harnröhre des Mannes kommen Entzündungen mit starkem Juckreiz und Ausfluss vor. Ursache ist oft eine Infektion der Geschlechtsorgane mit **Trichomonaden.** Trichomonaden sind einzellige Geißeltierchen, die beim Geschlechtsverkehr übertragen werden. Man kann sich aber auch in Schwimmbädern oder bei der Benutzung sanitärer Anlagen anstecken. Beide, Mann und Frau, sollten sich ärztlich behandeln lassen, um eine wiederholte gegenseitige Ansteckung zu vermeiden.

Pilzerkrankungen der Geschlechtsorgane sind weit verbreitet. Übertriebene Hygienemaßnahmen, z. B. Scheidenspülungen, sowie Stress, die Anti-babypille oder eine Behandlung mit Antibiotika begünstigen den Befall mit Hautpilzen. Anzeichen sind Rötungen, Schwellung und weißlicher, juckender Ausfluss.

Mann und Frau können auch von bestimmten **Viren** befallen werden, die über die Geschlechtsorgane teilweise bis in den Bauchraum vordringen. Schmerzen und Unfruchtbarkeit können die Folge sein. Wenn man die Erreger, die sich auf den Schleimhäuten der Geschlechtsorgane ausbreiten, erkannt hat, kann eine gezielte Behandlung mit Medikamenten erfolgen.

Wichtig ist, dass man gerade bei Beschwerden im Bereich der Geschlechtsorgane sich nicht scheut, ärztliche Hilfe in Anspruch zu nehmen. So können Spätfolgen wie Unfruchtbarkeit vermieden werden.

Sexualität und Gesundheit

1 Kind mit gestörtem Immunsystem

Alter	Impfung	Alter	Impfung
1. Lebensjahr	Tuberkulose Kinderlähmung (Polio) Diphtherie und Wundstarrkrampf (Tetanus) Masern	10. Lebensjahr	Kinderlähmung Röteln (nur für Mädchen)
		14.–15. Lebensjahr	Wundstarrkrampf Tuberkulose
2. Lebensjahr	Diphtherie und Wundstarrkrampf Kinderlähmung	In jedem Lebensjahr	Grippe Wundstarrkrampf Kinderlähmung
6. Lebensjahr	Diphtherie und Wundstarrkrampf	Öffentlich empfohlene Impfungen sind gelb unterlegt	

2 **Empfohlener Impfkalender** (Auszug)

9. Impfen – wozu?

Die Ausstattung des Kindes in der obigen Abbildung sieht schon recht eigenartig aus. Der „Raumanzug" trennt es völlig von allen Einflüssen aus der Umwelt. Die Atemluft wird gefiltert und wie die Nahrung des Kindes keimfrei gemacht. Wozu diese übertriebenen Vorsichtsmaßnahmen?
Mit der Atemluft und unserer Nahrung nehmen wir täglich unzählige Krankheitserreger auf. Wären wir diesen Angriffen schutzlos ausgeliefert, müssten wir innerhalb kurzer Zeit sterben. Unser Körper ist jedoch in der Lage, ein *Abwehrsystem* gegen diese Krankheitserreger zu bilden. Das beginnt schon vor der Geburt im Mutterleib. Übersteht der Körper die Angriffe bestimmter Krankheitserreger, bleibt er ihnen gegenüber unempfänglich oder **immun**. Bei dem abgebildeten Kind ist dieses Abwehrsystem (Immunsystem) gestört, sodass man den Kontakt mit Bakterien und Viren verhindern muss.

Wie aber gelingt es dem gesunden Organismus, die Krankheitserreger zu bekämpfen? Dringen Bakterien in den Körper ein, werden die *Lymphozyten*, eine Art von Weißen Blutkörperchen, aktiv. Sie „erkennen" die Bakterien als Fremdlinge und lassen daraufhin in kurzer Zeit besondere Eiweißmoleküle entstehen, die man **Antikörper** nennt. Diese Antikörper setzen sich auf die Oberfläche der Bakterien. Eine bestimmte Art der Weißen Blutkörperchen, die *Fresszellen*, sind darauf spezialisiert, die mit Antikörpern beladenen Erreger zu vernichten.
Zusätzlich läuft im Körper ein zweiter Vorgang ab. Nach der Infektion wandeln sich einige Lymphozyten zu so genannten „*Gedächtniszellen*" um. Infizieren wir uns einige Zeit später zufällig mit dem gleichen Erregertyp und wird dieser wiedererkannt, entstehen in Sekundenschnelle Tausende von Antikörpern. Der Erreger hat keine Chance. Wir sind gegen ihn immun geworden. Deshalb bekommen wir Kinderkrankheiten wie Mumps oder Masern gewöhnlich nur einmal.

Um den Menschen vor schweren Infektionskrankheiten zu schützen, muss man ihn künstlich immunisieren. Dazu werden abgeschwächte oder abgetötete Krankheitserreger gespritzt oder geschluckt. Sie veranlassen die

Sexualität und Gesundheit

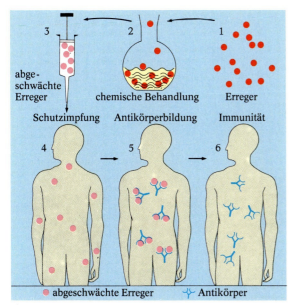

3 Aktive Immunisierung

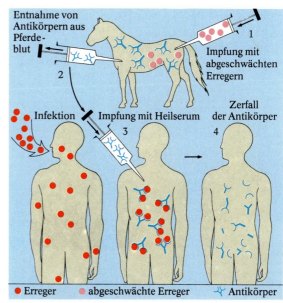

4 Passive Immunisierung

Bildung von Antikörpern. Wird der Mensch danach durch den gleichen Erreger angesteckt, erkrankt er nicht. Die *Schutzimpfung* hat zur **aktiven Immunisierung** geführt. Sie dient der Vorbeugung und hält mehrere Jahre an. Ein längerfristiger Schutz vor Infektionskrankheiten, die man noch nicht gehabt hat, ist also nur durch die entsprechende Schutzimpfung zu erreichen.

Nicht immer gelingt es dem Körper, sich gegen eindringende Erreger zu wehren. Wenn erst eine schwere Infektionskrankheit ausgebrochen ist, muss die Abwehrkraft des Körpers unterstützt werden. Der Arzt spritzt in einem solchen Fall ein Serum, das die benötigten Antikörper bereits enthält. Er führt eine *Heilimpfung* durch. So erfolgt eine **passive Immunisierung.**

Wie gewinnt man ein solches Serum? Meist sind es Tiere wie Pferd, Rind oder Schaf, die mehrmals mit abgeschwächten Erregern geimpft werden. Das Immunsystem der Tiere bildet gegen diese eingespritzten Erreger die passenden Antikörper. Nach einiger Zeit wird den Tieren Blut entnommen. Aus dem flüssigen Blutserum werden die Antikörper „herausgefiltert" und sorgfältig zu einem Impfstoff aufbereitet. So können wir zum Beispiel nach einer Hautverletzung eine Heilimpfung gegen Tetanusbakterien (Wundstarrkrampf) erhalten. Da die gespritzten Antikörper des Heilserums im Menschen nach 2 bis 3 Wochen zerfallen, bleibt eine solche passive Immunität auf kurze Zeit begrenzt.

Über Art und Zeitpunkt der verschiedenen Impfungen geben Ärzte und Gesundheitsämter Auskunft.

1. Erkläre anhand des Textes und der Abbildungen 3 und 4 die Unterschiede zwischen einer aktiven und einer passiven Immunisierung!

2. Informiere dich in deinem Impfpass, gegen welche Infektionskrankheiten du geimpft worden bist! Berichte!

AIDS – wie groß ist das Risiko?

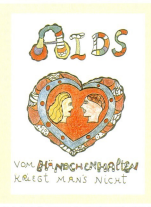

Im alltäglichen Umgang mit HIV-Infizierten ist **keine Ansteckungsgefahr** gegeben. Insbesondere besteht keine Infektionsgefahr bei
- Händeschütteln und Umarmung;
- gemeinsamer Benutzung von Haushaltsgegenständen (z.B. Essgeschirr), Toiletten, Schwimmbad, Sauna, Turnhallen und Spiel- und Sportgeräten.

Aus den bisherigen Erkenntnissen über die Übertragungswege von HIV ergeben sich folgende **Infektionsmöglichkeiten**:
- sexuelle Kontakte, bei denen Samenflüssigkeit oder Scheidensekret in den Körper des Partners eindringen können;
- Formen des Sexualverkehrs, bei denen durch (auch noch so kleine) Verletzungen der Haut oder der Schleimhäute Blut in den Körper des Partners gelangt;
- Verletzung durch Gegenstände, an denen frisches Blut oder andere Körperflüssigkeit eines HIV-Infizierten haftet;
- von einer infizierten Mutter auf ihr Kind während der Schwangerschaft, der Geburt und des Stillens mit Muttermilch.

Hieraus ergibt sich für folgende Verhaltensweisen ein hohes **Infektionsrisiko**:
- männliche Homosexualität und auch Bisexualität (d.h. Sexualverkehr mit Männern und Frauen);
- häufiger Partnerwechsel bei Sexualkontakten zwischen Mann und Frau;
- Geschlechtsverkehr ohne Kondom;
- gemeinsame Verwendung von Injektionsspritzen bei Drogenabhängigen.

Ich war früher drogenabhängig. Nun bin ich clean. Von der Erkrankung habe ich von meiner Freundin erfahren. Wir haben Nadeln ausgetauscht. Sie kam von einer Therapie zurück und sagte: „Du, ich bin positiv". Da hat mich erstmal der Schlag getroffen. Und dann habe ich einen Test machen lassen. Dann stellte sich heraus, dass ich auch positiv bin. – Gott sei Dank habe ich eine Familie, die mich aufgefangen hat. – Früher habe ich bei einer kleinen Firma im Büro als Sekretärin gearbeitet. Dort hatte ich ein schlimmes Erlebnis. Die Frau hatte kleine Kinder und die kamen öfters ins Büro. Ich habe die Kinder oft auf den Arm genommen und auf sie aufgepasst. Von einem Tag auf den anderen war alles anders. Die Frau hat mir nicht mehr die Hand gegeben und die Kinder nicht mehr mitgebracht.

1 Eine Betroffene berichtet (Auszug): Gabi

1. Was erlebt Gabi an ihrem Arbeitsplatz? Welches Verhalten ihrer Mitmenschen hätte ihr geholfen, mit ihrer Krankheit leichter umzugehen? Wie hoch ist die Ansteckungsgefahr im Büro?

10. AIDS – eine gefürchtete Infektionskrankheit

„Angst" und „Todesgefahr" waren die häufigsten Antworten, als Schülerinnen und Schüler einer Realschule befragt wurden, welche Gefühle und Gedanken sie haben, wenn sie das Wort „AIDS" hören. Welche Gefahr geht von der Krankheit „AIDS" wirklich aus? Ist die Angst berechtigt?

AIDS ist die englische Abkürzung für **A**cquired **I**mmune **D**eficiency **S**yndrom, was man mit „Ansteckende Abwehrschwäche" übersetzen kann. AIDS ist eine Infektionskrankheit, die durch Viren übertragen wird. Das Virus heißt **HIV** = **H**uman **I**mmune **D**eficiency **V**irus. Es ist für uns Menschen besonders gefährlich, weil es im Körper gerade die Zellen befällt, die bei Infektionen die Erreger aufspüren und das Abwehrsystem mobilisieren.

Es sind die *T-Helfer-Zellen*, in die das HIV eindringt. In der Helferzelle wird die Erbsubstanz des Virus in die Erbsubstanz der Helferzelle eingeschleust. Dadurch kommt es in der Zelle zu

Sexualität und Gesundheit

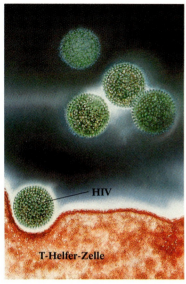

2 HI-Viren befallen eine T-Helfer-Zelle

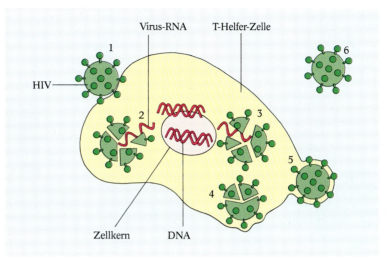

3 Vermehrung des HIV

2. Beschreibe die einzelnen Stadien der Virusvermehrung anhand der Abbildung 3!

einer Virusvermehrung. Die neu gebildeten Viren werden aus der lebenden Zelle ausgeschleust oder sie verlassen die Wirtszelle nach deren Zerfall. Die freigesetzten Viren befallen weitere Helferzellen und der Kreislauf beginnt von vorne.

Im Laufe von Jahren wird so das Abwehrsystem des Körpers immer mehr geschwächt. Nach einer Inkubationszeit von 2 bis 10 Jahren können erste Krankheitsanzeichen wie *Fieberschübe, Durchfälle, Schwellungen der Lymphknoten* und *Nachtschweiß* auftreten. Wie lange dieser Zustand andauert, ist nicht vorherzusagen. Meist kommt es nach wenigen Jahren zum *Vollbild* der AIDS-Erkrankung. Der geschwächte Körper hat nun keine Abwehrkräfte mehr und wird dadurch von Erregern befallen, die für einen gesunden Menschen keine Gefahr darstellen. Seltene *Hautkrebsarten, Lungenentzündungen* und ein *Pilzbefall* von Speiseröhre und Magen sind gefürchtete Folgeerkrankungen, die schließlich zum Tode führen.

Wie kann festgestellt werden, ob man infiziert ist? Nach einer Ansteckung dauert es mindestens 8 bis 12 Wochen, bis sich Antikörper gebildet haben. Diese Antikörper lassen sich im Blut mithilfe unterschiedlicher Testverfahren nachweisen. Heißt das Ergebnis „*HIV-positiv*", sind die Antikörper im Blut vorhanden. Das bedeutet, dass man andere anstecken kann, auch wenn noch keine Krankheitsanzeichen vorhanden sind.

Das HIV braucht zum Überleben Feuchtigkeit. Wenn es an die Luft kommt, stirbt es schnell ab. Beim infizierten Menschen sind die Viren im Blut, in der Samenflüssigkeit des Mannes und im Scheidensekret der Frau in ausreichender Menge vorhanden, um ansteckend zu wirken. Ungeschützter Geschlechtsverkehr ist daher besonders gefährlich, wenn man nicht sicher sein kann, dass der Partner oder die Partnerin HIV-frei ist. Nur die konsequente Benutzung von *Kondomen* kann vor einer Infektion bei sexuellem Kontakt schützen.

Es gibt bis heute noch kein heilendes Medikament gegen AIDS. Man ist seit Jahren bemüht, einen Impfstoff zu entwickeln. Wer sich jedoch vor einer möglichen Ansteckung schützt, braucht diese tödliche Krankheit nicht zu fürchten.

1 Verbreitung der Malaria

1. Stelle eine Liste von Ländern auf, in denen Malaria vorkommt! Begründe das Vorkommen! Werte dazu die Klimakarten in deinem Atlas aus!

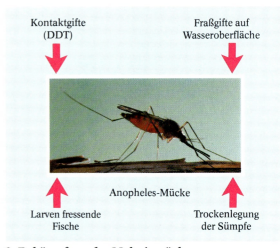

2 Bekämpfung der Malariamücke

2. Überlege, welche Folgen die in Abbildung 2 genannten Bekämpfungsmaßnahmen haben können! Versuche, sie danach zu bewerten!

11. Warum breitet sich die Malaria wieder aus?

„Malaria auf dem Rückzug", gab 1968 die Weltgesundheitsbehörde bekannt. Doch nun beobachten Mediziner einen alarmierenden Anstieg der Erkrankungen auf der ganzen Welt. In jedem Jahr sterben mehr als 2 Millionen Menschen an den Folgen der **Malaria;** das sind 5000 bis 6000 Todesfälle an einem Tag. Was weiß man bis heute über diese Krankheit und warum ist sie immer noch nicht zu besiegen?

Die Krankheit beginnt mit einem Mückenstich. Es hat jedoch nicht unsere „Gemeine Stechmücke" zugestochen, sondern die **Malariamücke** *(Anopheles).* Sie lebt vorwiegend in tropischen und subtropischen Ländern. Mit dem Speichel dieser Mücke können winzige Malariaerreger in das Blut des Menschen eindringen. Diese Einzeller, die man *Sporentierchen* nennt, gelangen zur Leber, wachsen dort heran und teilen sich in viele Zellen. Während dieser Phase der Malariainfektion, die 1 bis 6 Wochen dauert, treten noch keine Krankheitserscheinungen auf. Die ausgereiften Erreger befallen die Roten Blutkörperchen. In ihnen kommt es erneut zu einer Vermehrung, bis die Blutkörperchen platzen. Dabei werden große Mengen giftiger Stoffwechselprodukte des Erregers frei. Der menschliche Körper reagiert darauf mit Schüttelfrost und *Fieber* bis 41°C. Nach wenigen Stunden sinkt die Körpertemperatur unter starken Schweißausbrüchen. Inzwischen sind neue Blutkörperchen befallen worden, in denen sich der gleiche Vorgang wiederholt. In gleichmäßigen Abständen tritt dadurch Fieber auf.

Will man sich vor einer solchen Erkrankung schützen, muss man vor, während und nach einer Reise in Malariagebiete regelmäßig bestimmte Medikamente einnehmen. Sie können die Entwicklung des Erregers im Menschen verhindern. Auch versucht man seit Jahren weltweit, den Überträger, die Anophelesmücke, zu vernichten. Dazu benutzte man unter anderem das Gift DDT. Doch unter den unzähligen Mücken sind mit der Zeit auch solche herangewachsen, die auf diese chemischen Mittel nicht mehr ansprechen und die Behandlung überleben. Man sagt, sie sind gegen das Gift **resistent** (widerstandsfähig) geworden. So kann sich die Malaria – auch unterstützt durch weltweiten Massentourismus – weiterhin ausbreiten.

Sexualität und Gesundheit

1 Mordillo: So klappt's

Beschwerden		Häufigkeit	Medikamenteneinnahme
Müdigkeit	♀	79%	2%
	♂	69%	2%
Erkältung/Grippe	♀	72%	7%
	♂	68%	7%
Nervosität/Unruhe	♀	64%	2%
	♂	60%	2%
Kopfschmerzen	♀	73%	20%
	♂	58%	12%
Hautprobleme	♀	49%	10%
	♂	40%	8%
Magenschmerzen	♀	57%	6%
	♂	42%	3%
Kreislaufbeschwerden	♀	51%	8%
	♂	26%	2%

2 Befragungsergebnisse über Beschwerden von jungen Leuten zwischen 12 und 25 Jahren (Auszug)

12. Mit Arzneimitteln muss man verantwortungsvoll umgehen

Nicholas leidet an Kopfschmerzen; in der Hausapotheke findet er ein Schmerzmittel. – Beate hat Angst vor der Englischarbeit; sie schluckt vor der Schule schnell noch zwei Beruhigungstabletten. – Sabine hat Schnupfen; sie nimmt regelmäßig Nasentropfen. – Welche Medikamente hast du in der letzten Woche genommen?

Viele Menschen meinen, sie könnten sich problemlos selbst mit Medikamenten behandeln. Sie glauben den Aussagen der Arzneimittelwerbung, die schnelle Beseitigung der Krankheitssymptome verspricht. Eine Befragung in Schulklassen hat ergeben, dass ein Drittel der Jugendlichen jede Woche mindestens ein Medikament ohne ärztliche Verordnung nimmt. Kaum einer denkt dabei an mögliche Nebenwirkungen oder gar körperliche Schäden durch Dauergebrauch. Um leichte Beschwerden zu beseitigen, kann man auf Medikamente häufig verzichten. So lassen ausreichender Schlaf, ein Spaziergang an frischer Luft oder eine entspannende Gymnastik Kopfschmerzen häufig abklingen. Saunabesuche oder Wechselduschen können Erkältungskrankheiten vorbeugen. Manche Heilkräuter wie Kamille und Pfefferminze können die Selbstheilungskräfte des Körpers unterstützen und Beschwerden lindern. Wenn man seine Schulprobleme mit Eltern und Lehrkräften ehrlich bespricht, kann man auch die Klassenarbeit ohne Angst bewältigen. Bei leichten Befindlichkeitsstörungen ist es auch möglich, die Beschwerden auszuhalten. Am nächsten Tag fühlt man sich meist wieder wohl.

Die eigentlichen Ursachen für häufig wiederkehrende Beschwerden zu finden, ist meist nur mit fachlicher Hilfe möglich. Ärzte verschreiben dir dann auch rezeptpflichtige Medikamente, die du in der Apotheke erhältst. Den ausführlichen Beipackzettel solltest du sorgfältig lesen. Er enthält auch Hinweise auf mögliche Nebenwirkungen und Risiken. Medikamente sollen richtig dosiert, regelmäßig und über den ärztlich verordneten Zeitraum eingenommen werden.

1. a) Nenne die vier häufigsten Beschwerden, bei denen Mädchen und Jungen schnell zu Medikamenten greifen!
b) Vergleiche die Werte in der Tabelle 2 mit den Angaben deiner Mitschülerinnen und Mitschüler!

Mikroorganismen

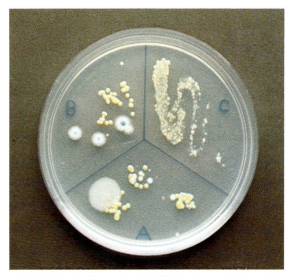

1 Bakterienkulturen auf Nährboden. A Fingerabdruck; B Abdruck eines Geldscheins; C Bakterien von einer Stubenfliege

1. Mikroorganismen gibt es überall

Heiße Schwefel- oder Thermalquellen, brodelnde Schlammlöcher oder schwelende Kohlenhalden sind für die meisten Lebewesen tödlich. Dennoch gedeihen bestimmte **Bakterien** prächtig in dieser unwirtlichen Umgebung. Sie treten in fast allen Lebensräumen auf. In 1 ml Flusswasser zum Beispiel kommen 5000 bis 10000 Bakterien vor. Die gleiche Menge Abwasser enthält ca. 1 Mio. Bakterien und in 1 g Gartenerde sind sogar bis zu 100 Mio. zu finden. Die meisten Bakterien sind harmlos oder sogar nützlich für den Menschen. Es gibt jedoch auch eine Anzahl von gefährlichen Krankheitserregern unter den Bakterien.

Bakterien sind winzige, einzellige Lebewesen mit unterschiedlichen Zellformen. Viele Bakterien haben nur einen Durchmesser von etwa 1/1000 mm. Wegen dieser geringen Größe bezeichnet man sie zusammen mit anderen Kleinstlebewesen als **Mikroorganismen**.

Bakterien sind von einer festen *Zellwand* begrenzt. Viele sind zusätzlich von einer Schleimschicht umgeben. Ist diese scharf abgegrenzt, wird sie als Kapsel bezeichnet. Da Bakterien keine Zellkerne besitzen, befindet sich die ringförmige *Erbsubstanz* im *Zellplasma*. Viele Bakterien bewegen sich mithilfe von *Geißeln* fort.

Bakterien vermehren sich rasch durch *Zellteilung*. Dabei teilt sich die Mutterzelle in zwei Tochterzellen. Das Colibakterium z.B. kann sich bei guten Nahrungsbedingungen und einer Temperatur von 37 °C bereits nach 30 Minuten erneut teilen. Bei ungehinderter Entwicklung können also aus einem Bakterium in 16 Stunden mehr Bakterien entstehen, als es derzeit Menschen auf der Erde gibt.

Die überwiegende Anzahl der Bakterien ist auf organische Nahrung angewiesen. Es gibt aber auch Bakterien, die ihre Nährstoffe selbst erzeugen. Den dazu notwendigen Kohlenstoff beziehen sie aus dem Kohlenstoffdioxid. Als Energiequelle dient den meisten das Licht. Andere gewinnen Energie, indem sie chemische Stoffe abbauen. So benutzen *Schwefelbakterien* Schwefelverbindungen als Energiequelle.

Eine große Bedeutung für viele Bakterien hat der Sauerstoff. Es gibt Bakterien, die unbedingt Sauerstoff zum Leben brauchen *(aerobe Bakterien)*. Dazu gehört der *Heubazillus*. Andere, zum Beispiel der Erreger des Wundstarrkramp-

Mikroorganismen

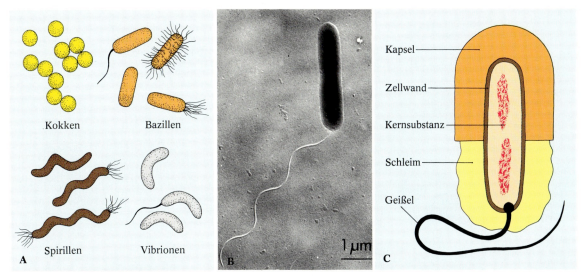

2 Bakterien. A Bakterienformen; B elektronenmikroskopische Aufnahme; C Schema

1. Vergleiche den Bau der Bakterienzelle mit Zellen einzelliger Tiere! Berichte!

fes, können nur in Abwesenheit von Sauerstoff existieren *(anaerobe Bakterien)*.

Zu den Mikroorganismen gehören auch bestimmte **Pilze.** Die *Hefepilze* sind einzellig und mit einer Länge von 2/1000 mm größer als Bakterien. Bei der Vermehrung dieser Pilze kann man beobachten, wie eine „Ausbuchtung" an der Mutterzelle zu einer Tochterzelle heranwächst und sich dann ablöst. Diese Vermehrung wird *Sprossung* genannt.

Verursacher von z.B. Grippe oder Schnupfen sind so winzig (0,01–0,0000004 mm), dass man sie erst mit dem Elektronenmikroskop erkennen kann. Es handelt sich dabei um **Viren.** Sie bestehen aus einer Eiweißhülle, die entweder DNA oder RNA umschließt. Viren besitzen keinen eigenen Stoffwechsel. Sie können sich nur in lebenden Zellen vermehren. Befallen sie eine Wirtszelle, so veranlassen sie diese, anstelle von eigenen Zellbestandteilen nun neue Viren zu produzieren. Die Wirtszellen sterben ab und platzen auf. Die frei werdenden Viren können nun neue Zellen infizieren. So kann es in kurzer Zeit zu einer Massenvermehrung von Viren kommen.

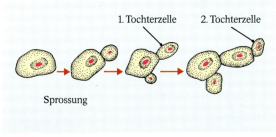

3 Hefezellen

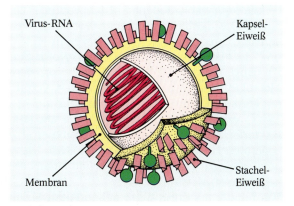

4 Grippevirus

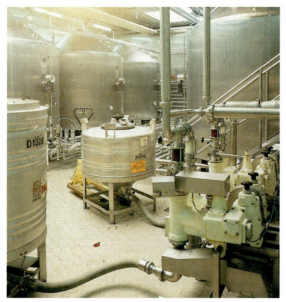
1 Behälter zur Jogurtherstellung

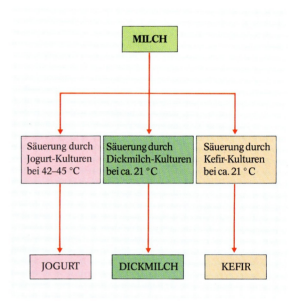
2 Sauermilchprodukte (Auswahl)

2. Mikroorganismen als Helfer des Menschen

2.1. Veredelung von Milchprodukten

Was passiert eigentlich, wenn Milch sauer wird? Auch bei größter Sauberkeit während des Melkens enthält die Milch u.a. **Milchsäurebakterien.** Besonders in der Wärme können sie sich stark vermehren. Diese Bakterien wandeln den *Milchzucker* in *Milchsäure* um. Die Milch wird sauer. Nach einiger Zeit lässt die Milchsäure das *Milcheiweiß* gerinnen. Die Milch ist „dick" geworden. Die Gerinnung macht man sich bei der Herstellung verschiedener Milchprodukte zunutze. Die damit verbundenen Vorgänge werden als „Veredelung" der Milch bezeichnet.

Vor der Weiterverarbeitung wird *Rohmilch* zunächst *pasteurisiert*. Bei diesem von dem Mikrobiologen PASTEUR entwickelten Verfahren wird die Milch für 15–30 Sekunden auf 72–75 °C erhitzt. Dadurch werden die meisten Bakterien sowie alle Hefe- und Schimmelpilze abgetötet. Es entsteht *Frischmilch*. Beim Ultrahocherhitzen (135–150 °C) erhält man die keimfreie *H-Milch*.

Werden der auf diese Weise behandelten Milch bekannte Kulturen von Milchsäurebakterien zugesetzt, entsteht zum Beispiel **Sauermilch**. Sie ist entweder sämig-flüssig und gut trinkbar oder dickgelegt *(Dickmilch)*.

Durch den Zusatz anderer Milchsäurebakterien entsteht **Jogurt**. Er ist ein Sauermilchprodukt, das ursprünglich aus dem Balkan stammt und dort aus Ziegen- oder Schafmilch hergestellt wurde. Bei der Herstellung wird die Rohmilch zunächst etwa 1 Minute auf 90 °C erhitzt. Nach dem Abkühlen setzt man die Bakterienkulturen zu. Die so behandelte Milch wird in Becher abgefüllt und in Wärmekammern 5 bis 6 Stunden bei 40–45 °C gehalten. Nach dieser Zeit ist die Milch dickgelegt und muss zur Unterbrechung der Säuerung gekühlt werden.

Beim **Kefir** fügt man der Milch Kefirkörnchen zu. Sie bestehen aus einem Gemisch von geronnenem Eiweiß, zwei Milchsäurebakterienarten und Hefepilzen. Die mit den Mikroorganismen versetzte Milch wird bei etwa 20 °C gesäuert. Gleichzeitig wandeln die Hefepilze den Milchzucker zu Alkohol und Kohlenstoffdioxid um. So entsteht ein leicht alkoholisches, kohlensäurehaltiges Milchprodukt. Es gibt aber auch Kefir-Produkte, die keinen Alkohol enthalten.

Übung: Mikroorganismen

1 Bereitung von Jogurt

V 1. Wir stellen Jogurt her

Material: etwa 1/2 l H-Milch; 1 Becher Vollmilchjogurt; 1 Kochtopf (1 l); 4 kleine Marmeladengläser; 1 Thermometer; Teelöffel; Klarsichtfolie; Küchenherd; Kühlschrank

Durchführung: Gieße die H-Milch in einen Kochtopf und erwärme sie langsam auf etwa 40 °C! Ist die Milch zu heiß geworden, lass sie im zugedeckten Topf abkühlen, bis sie ca. 45 °C warm ist!
Spüle die Marmeladengläser und den Löffel sorgfältig mit heißem Wasser!
Gib in je ein Marmeladenglas einen Teelöffel Jogurt und füge die Milch hinzu! Stelle durch Umrühren eine gleichmäßige Durchmischung her!
Decke die Gläser mit der Folie luftdicht ab und stelle sie in den auf etwa 50 °C vorgeheizten Herd! Nach 15 Minuten kannst du den Herd abschalten. Lass die Gläser etwa 6 Stunden in dem geschlossenen Herd stehen!
Nimm die Gläser dann aus dem Herd und stelle sie in den Kühlschrank, um den Säuerungsprozess abzubrechen! Nach einiger Zeit kannst du den selbst gemachten Jogurt probieren. Willst du den Geschmack verfeinern, kannst du noch Früchte hinzufügen.

Aufgaben: a) Erläutere, wie es zur Bildung von Jogurt in der verwendeten Milch gekommen ist!
b) Erkläre die Beschaffenheit und den Geschmack des Jogurts!

V 2. Sauerkraut aus Weißkohl

Material: 1 Weißkohl; 20–40 g Kochsalz; Stampfer; Schüssel (etwa 20 cm Durchmesser); Einmachglas mit Deckel; Gummiring; Eierbecher; Ziegelstein; Untersetzer passend zur Öffnung des Einmachglases; Küchenbrett; Küchenhobel; Küchenwaage

Durchführung: Schneide den Weißkohl mit dem Hobel in Streifen! Gib die Schnitzel in die Schüssel und füge etwas Kochsalz hinzu! Verwende etwa 3 g Salz je 100 g Schnitzel! Vermische durch Umrühren Schnitzel und Salz sorgfältig!
Fülle nun den gesalzenen Kohl in das Einmachglas! Stampfe dabei den Kohl fest in das Glas!
Lege zunächst den Untersetzer in das Einmachglas! Presse dann den Eierbecher auf den Untersetzer und verschließe das Glas! Beschwere den Deckel mit dem Ziegelstein!
Lass den Kohl etwa 2 Wochen stehen! Dann kannst du das Sauerkraut probieren.

Aufgaben: a) Beschreibe, wie sich der Kohl verändert hat!
b) Erläutere Flüssigkeitsbildung und Säuerung!

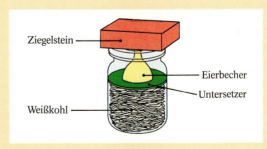

2 Bereitung von Sauerkraut

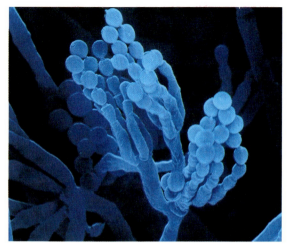

1 Pinselschimmel (Penicillium)

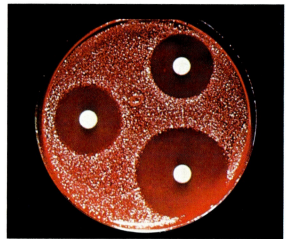

2 Penicillin-Wirkung

1. Lege ein Stückchen Brot in eine Petrischale und feuchte es an! Bewahre die geöffnete Schale bei Zimmertemperatur auf! Sobald sich Schimmel gebildet hat, untersuche ihn unter dem Mikroskop! Zeichne! Berichte!

2.2. Ein Pilz macht Karriere

Verschimmeltes Brot ist nicht mehr verwertbar und wird weggeworfen. Trotzdem lohnt es sich, das Brot näher zu betrachten. Unter dem Mikroskop kann man die Ursache des Schimmels erkennen: Vielzellige *Pilzfäden* durchziehen die Oberfläche des Brotes. Aus dem Geflecht der Pilzfäden wachsen verzweigte Sporenträger hervor. Die Sporen gliedern sich in einer Ebene, sodass alle Sporenketten zusammen einem flachen Pinselchen gleichen. Es handelt sich um **Pinselschimmel** (Penicillium).

Die ärgerliche Tatsache, dass organische Stoffe verschimmeln können, führte bei einem aufmerksamen Forscher zu einer sensationellen Entdeckung. Ein Schimmelpilz gelangte 1929 aus Unachtsamkeit in die offene Petrischale einer Eiter-Bakterien-Kultur des Bakterienforschers FLEMING. Dieser stellte mit Erstaunen fest, dass die Bakterienkolonien in der Nähe des Pilzes kleiner waren und um ihn herum gänzlich fehlten. Was war geschehen?

Offenbar muss der Pilz einen Stoff abgegeben haben, der Bakterien tötet oder ihr Wachstum hemmt. FLEMING züchtete den Pilz auf einer Nährflüssigkeit und gewann daraus den keimtötenden Stoff. Mithilfe dieses „Pilzgiftes" konnte er die Entwicklung vieler Bakterien hemmen. Den Stoff nannte er nach dem Namen des erzeugenden Pilzes **Penicillin.**

Der „Trick", mit dem der Schimmelpilz bei der Bekämpfung von Bakterien arbeitet, ist verblüffend. Bakterien bauen ihre Zellwand aus bestimmten Eiweißbausteinen auf. Das Penicillin ähnelt einem der Eiweißbausteine. So „greift" das Bakterium nach diesem falschen Baustein. Penicillin blockiert aber die Enzyme, die sonst für den Einbau der „richtigen" Eiweißbausteine sorgen. Die Folge ist für die Bakterien tödlich. Ohne vollständige Zellwand sind sie nicht lebensfähig. Auf diese Weise verhindert das Penicillin die Vermehrung der Bakterien. So ist Penicillin ein wirksames Bekämpfungsmittel gegen Bakterieninfektionen. Man bezeichnet es als **Antibiotikum.** – Bei häufiger Anwendung entstehen mutierte Bakterien, die gegen das Penicillin resistent geworden sind. Damit das Medikament wirksam bleiben kann, soll es nur in Notfällen eingesetzt werden.

Mikroorganismen

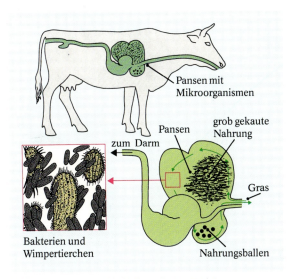

1 Verdauung von Zellulose beim Rind

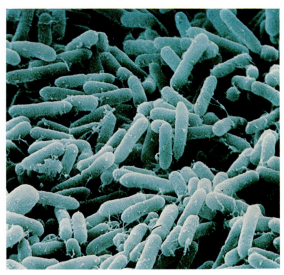

2 Darmbakterien (Colibakterien). EM-Aufnahme

1. Erläutere die Aufschließung der Zellulose im Rindermagen!

2.3. Nahrungsspezialisten

Rinder ernähren sich hauptsächlich von Gräsern und gedeihen dabei gut. Könnten wir Menschen uns auch ausschließlich von Pflanzen ernähren?

Die grünen Teile der Pflanzen sind für uns eine wenig ergiebige Nahrungsquelle. Der eiweißreiche Zellinhalt macht oft nur einen geringen Anteil an der Pflanzenmasse aus. Darüber hinaus ist er von einer festen Zellwand umgeben. Um an den nährstoffreichen Zellinhalt zu kommen, muss die aus Zellulose bestehende Zellwand zerkleinert oder aufgelöst werden. Der Mensch und Pflanzen fressende Säugetiere besitzen keine Enzyme zur Auflösung von Zellulose. Wie kann ein Rind dennoch von Pflanzennahrung leben?

Rinder und Menschen können die Zellwand mechanisch zerkleinern und dadurch den nährstoffreichen Zellinhalt verwerten. Beim Rind gelangt zu Beginn der Verdauung das wenig vorgekaute Pflanzenmaterial in den geräumigen, etwa 160 l fassenden *Pansen*. Hier wird die Nahrung eingeweicht und mit **Bakterien** und **Wimpertierchen** vermischt, die sich in großen Mengen im Pansen befinden. In einem Rinderpansen leben bis 10 Milliarden Bakterien.

Die Mikroorganismen erzeugen *Enzyme*, die Zellulose abbauen können. Zellulose ist ein Vielfachzucker, der mithilfe von Enzymen in verdauliche Einfachzucker abgebaut werden kann. Ferner bilden die Bakterien auch *Vitamine*, die sie in den Darm abgeben. Die Wimpertierchen liefern außerdem *tierisches Eiweiß*, wenn sie selbst vom Rind verdaut werden.

Rind und Mikroorganismen gehen dabei eine **Symbiose** ein. Die Mikroorganismen helfen dem Rind bei der Aufschließung und Gewinnung von Nährstoffen. Das Rind schafft mit seinem speziellen Verdauungstrakt ideale Lebensbedingungen: Dazu gehören gleich bleibende Temperatur, Pansenflüssigkeit und ständige Zufuhr von Nahrung.

Der Verdauungstrakt des Menschen ist anders gebaut. Auch enthält der Magen keine Mikroorganismen, die Enzyme bilden, mit deren Hilfe wir Zellulose abbauen könnten. Deshalb kann sich der Mensch auch nicht ausschließlich von den grünen Teilen der Pflanzen ernähren.

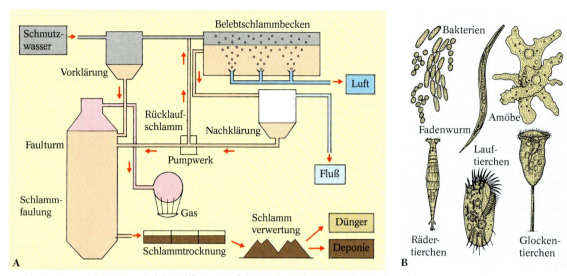

1 Abwasserreinigung. A Belebtschlammverfahren; B Mikroorganismen im Schlamm

1. Erläutere anhand der Abbildung das Belebtschlammverfahren!

2.4. Mikroorganismen als Abfallverwerter

Das Mittagessen ist beendet. Teller und Schüsseln werden anschließend gesäubert. Im Abwaschwasser lösen sich die Nahrungsreste und fließen in den Ausguss. Was geschieht eigentlich mit diesem Abwaschwasser?

Es fließt in den Abwasserkanal und gelangt dort, vermischt mit anderen Abwässern, in die **Kläranlage.** Nach einer *Vorklärung*, bei der grobe Schmutzteilchen zu Boden sinken, fließt das durch Schwebeteilchen und gelöste Schmutzstoffe verunreinigte Wasser weiter zur *biologischen Hauptreinigung*.

In dieser Reinigungsstufe sorgen zahlreiche **Mikroorganismen** für den Abbau der Schmutzstoffe. Das Schmutzwasser wird hierfür in Behälter gepumpt, die mit **Belebtschlamm** versetzt sind. Dieser Schlamm enthält Mikroorganismen, überwiegend **Bakterien.**

Verschiedene Bakterienarten bauen die organischen Schmutzstoffe vorwiegend zu anorganischen Salzen und Kohlenstoffdioxid ab. Eiweiße z.B. werden zunächst zu Aminosäuren und weiter zu Kohlenstoffdioxid, Wasser und Nitratsalzen abgebaut. Für das Leben der beteiligten Bakterien ist Sauerstoff erforderlich. Es handelt sich um *aerobe Bakterienarten*. Um ihr Wachstum zu fördern, wird von unten Luft in das Belebtschlammbecken gepumpt.

Neben Bakterien leben noch zahlreiche andere Mikroorganismen im Belebtschlamm. Dazu gehören vorwiegend **Amöben, Geißeltierchen, Wimpertierchen** und **Rädertierchen.**

Durch die rasche Vermehrung der Mikroorganismen bilden sich „Zellklumpen", die im Wasser nach unten sinken. Der sich auf diese Weise ansammelnde Belebtschlamm setzt sich in einem *Nachklärbecken* ab und wird vom gereinigten Wasser getrennt. Einen geringen Teil des Schlammes verwendet man erneut zur Beimpfung des Belebtschlammbeckens mit Mikroorganismen.

Der größte Teil des Belebtschlammes gelangt mit dem Klärschlamm aus der Vorklärung in den *Faulturm*. So enthält der Schlamm des Faulturmes Abfallstoffe aus der Vorklärung und die Biomasse des Belebtschlammes. Beim **Faulen** dieser Stoffe werden organische Bestandteile unter Ausschluss von Sauerstoff abgebaut.

Mikroorganismen

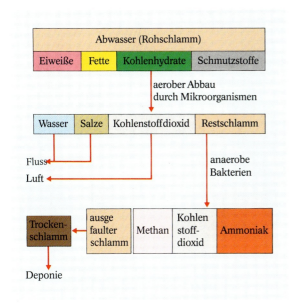

2 Biologische Abwasserreinigung (Schema)

3 Bakterien bauen Kohlenwasserstoffe in verunreinigtem Boden ab (Freilandanlage)

Den Abbau leisten *anaerobe Bakterien*. Dabei sind nacheinander unterschiedliche Bakterienarten für die Zersetzung verantwortlich. Zunächst werden die organischen Bestandteile in kurzkettige Moleküle wie Zucker, Fettsäuren und Peptide zerlegt. In weiteren Schritten entstehen daraus schließlich mithilfe der Bakterien **Kohlenstoffdioxid, Ammoniak** und **Methan.**
Das auf diese Weise hergestellte **Biogas** Methan ist brennbar und kann für die Energieversorgung genutzt werden. Den mineralsalzhaltigen ausgefaulten Schlamm trocknet man und kann ihn als Naturdünger verwerten. Durch giftige Chemikalien oder Schwermetalle belasteter Faulschlamm dagegen muss auf Sondermülldeponien gelagert werden.
Unser Hausmüll wird auf Deponien gelagert. Er enthält noch einen hohen Anteil organischer Stoffe. Ähnlich wie im Abwasser sorgen auch hier hauptsächlich Bakterien für den Abbau von Abfällen zu Mineralsalzen und Gasen. Dies leisten vor allem **Bodenbakterien.**
Bestimmte Bakterienarten werden heute auch für „Sondereinsätze im Umweltschutz" als Abfallverwerter eingesetzt. Die Verseuchung von Boden und Wasser z.B. mit Öl, Benzin oder anderen Chemikalien nimmt immer mehr zu. Eine Entgiftung dieser verseuchten Böden und Gewässer ist sehr mühsam und kostspielig. Da alle Naturprodukte, wie z.B. Erdöl, in der Natur durch Bakterien auch zu unbedenklichen Produkten abbaubar sind, werden diese Bakterienarten heute gezielt gezüchtet und nach Unfällen eingesetzt.
Die künstlichen chemischen Verbindungen können nicht auf diese Weise entsorgt werden, da entsprechende Bakterienarten in der Natur nicht vorkommen.
Ohne die Tätigkeit der Mikroorganismen würden wir also mit Abwasser, organischen Abfällen und anderen Schadstoffen innerhalb kurzer Zeit unsere Umwelt verseuchen. Nur den Mikroorganismen gelingt es, den Abfall wieder in Grundstoffe zu zerlegen, die zum Aufbau neuer Stoffe verwendet werden können. Ihnen gelingt ein natürliches **Recycling.**

2. Beschreibe den Abbau der Schmutzstoffe im Abwasser!

Vererbung

1 Familienähnlichkeiten

1. Stelle auf der Abbildung 1 Ähnlichkeiten fest! Welche Ursachen können diese Ähnlichkeiten haben?

1. Grundlagen des Erbgeschehens

1.1. Warum sehen Nachkommen ihren Eltern ähnlich?

„Der Junge wird seinem Großvater immer ähnlicher, der konnte auch jedes Lied ohne Noten sofort spielen." Solche Vergleiche kannst du manchmal hören. Vielleicht sind dir auch beim Durchblättern des Familienalbums schon Ähnlichkeiten im Aussehen der Verwandten aufgefallen. Auf Großvaters Hochzeitsbild zum Beispiel kann man es gut erkennen: die gleiche hohe Stirn mit dem schmalen Haaransatz wie beim Vater, die gleiche Nase, selbst das „Grübchen" beim Lächeln ist unverkennbar wie im Gesicht des Vaters.

Bei Pflanzen und Tieren erkennen wir ebenfalls Ähnlichkeiten der Nachkommen mit ihren Eltern. Aus dem Samen eines Stiefmütterchens wächst zum Beispiel eine Pflanze heran, die der Mutterpflanze ähnlich sieht. Selbst bei Mischlingshunden, so genannten Promenadenmischungen, kann man Merkmale beider Eltern noch erkennen.

Aus Erfahrung wissen wir also, dass bestimmte körperliche Merkmale und auch charakteristische Verhaltensweisen von Generation zu Generation übertragen werden. Solche Weitergabe von Merkmalen an die Nachkommen nennt man **Vererbung**.

Erst Mitte des 19. Jahrhunderts gelang es dem Augustinerpater GREGOR MENDEL, mithilfe von Versuchen Aufschlüsse über die Grundvorgänge der Vererbung zu geben. MENDEL fragte sich, ob die Weitergabe von Merkmalen nach bestimmten Gesetzmäßigkeiten abläuft. Er experimentierte dazu mit Erbsenrassen, die sich nur in wenigen Merkmalen unterschieden.

Nach zehnjähriger Forschung veröffentlichte MENDEL 1866 die Ergebnisse seiner Untersuchungen. Die von ihm entdeckten Gesetzmäßigkeiten fanden bei seinen Zeitgenossen jedoch kein Interesse und gerieten bald in Vergessenheit. Sie wurden um 1900 jedoch „wiederentdeckt". Die Botaniker CORRENS, TSCHERMAK und DE VRIES kamen unabhängig voneinander zu ähnlichen Ergebnissen, obwohl sie MENDELs Untersuchungen nicht kannten. Zu Ehren MENDELs nannte man später die von ihm gefundenen Erbgesetzmäßigkeiten **Mendelsche Regeln**.

Vererbung

2 „Promenadenmischung"

3 Stiefmütterchen

Im Mittelalter entwickelte sich die Homunculus-Theorie

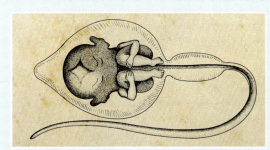

4 „Samentierchen"

Über die Tatsache, dass Verwandte einander ähnlich sehen, haben die Menschen bereits Jahrhunderte vor MENDELs Entdeckungen nachgedacht. Schon der griechische Philosoph ARISTOTELES hatte erkannt, dass sich hoch entwickelte Lebewesen nur durch geschlechtliche Vereinigung fortpflanzen. Er nahm an, dass so genannte niedere Tiere wie Würmer oder Schnecken aus Schlamm und Staub ständig neu geschaffen würden. Den vererbten Anteil der Merkmale legte ARISTOTELES so fest: Das weibliche Wesen liefert den „Stoff", der Mann die „Bewegung".

Andere griechische Wissenschaftler waren um 300 v. Chr. der Ansicht, dass der Nachkomme bereits im Samen des Vaters vorgefertigt sei. Im Leib der Mutter brauche er sich nur noch zu entwickeln. Auch das Geschlecht sei schon festgelegt: Samen aus dem rechten Hoden ergeben Jungen, Samen aus dem linken Hoden dagegen Mädchen. Nach dieser „Entdeckung" der „Samentierchen" entwickelten die Wissenschaftler des Mittelalters die *Homunculus-Theorie* (lateinisch: homunculus = Menschlein). Der Samen des Vaters enthält danach schon einen winzig kleinen „vorgefertigten" Menschen, der im Mutterleib nur noch heranwächst. Selbst als man mit ersten, einfachen Mikroskopen schon Samenzellen des Menschen erkennen konnte, wurden solche „Samentierchen" von den Wissenschaftlern noch gezeichnet (Abbildung 4). Später konnte man den Vorgang der Befruchtung genauer untersuchen. Dabei beobachtete man die Vereinigung der Kerne von Ei- und Samenzelle. Erst jetzt vermutete man, dass der Zellkern Träger der Erbinformation sei.

2. Denke die Homunculus-Theorie zu Ende!

1 Kreuzung von Wunderblumen. A und C Elterngeneration; B 1. Tochtergeneration

1.2. Kreuzungsversuche geben Einblicke in einfache Erbregeln

Der deutsche Botaniker CORRENS verwendete für seine Erbversuche die *Wunderblume*. Sie eignet sich für diese Versuche besonders gut, weil es von ihr Rassen mit roten und solche mit weißen Blüten gibt. Die Rassen unterscheiden sich also in einem auffälligen *Merkmalspaar:* Blütenfarbe rot-weiß.

Bei Erbversuchen führt man **Kreuzungen** durch. Dabei bestäubt man zum Beispiel die Narben der rot blühenden Rasse mit Pollen der weiß blühenden Rasse. Die Ausgangspflanzen für diese Kreuzungen bilden die **Elterngeneration** (**P**arentalgeneration). In schematischen Darstellungen der Vererbungsvorgänge wird dafür der Großbuchstabe **P** benutzt.

Lässt man aus den Samen dieser Kreuzung neue Pflanzen heranwachsen, so bilden diese die **1. Tochtergeneration** (**1. F**ilialgeneration). Die Abkürzung dafür lautet **F_1**.

Alle Pflanzen dieser F_1-Generation blühen *rosa*. Da sie die Merkmale beider Eltern in sich vereinen, nennt man sie **Mischlinge** (Bastarde).

Dass die Pflanzen der F_1-Generation alle gleich (uniform) aussehen, hatte schon MENDEL bei seinen Versuchen mit Erbsen herausgefunden. So lautet die 1. MENDELsche Regel, die **Uniformitätsregel:** *Kreuzt man zwei reine Rassen einer Art miteinander, so zeigen alle Mischlinge der 1. Tochtergeneration das gleiche Aussehen.*

Weil die Blütenfarbe rosa zwischen den Blütenfarben der Eltern liegt, spricht man von einem *zwischenelterlichen Erbgang.*

Kreuzt man anschließend die Mischlinge der F_1-Generation miteinander, erhält man Pflanzen, die entweder *rot, weiß* oder *rosa* blühen. Von 100 Pflanzen blühen etwa 50 rosa, 25 rot und 25 weiß. Man sagt, es findet eine *Aufspaltung* der Merkmale im Verhältnis 1:2:1 statt. Das entspricht der 2. MENDELschen Regel, der **Spaltungsregel:** *Kreuzt man die Mischlinge der F_1-Generation unter sich, so spaltet die F_2-Generation in einem bestimmten Zahlenverhältnis auf. Dabei treten die Merkmale der P-Generation wieder auf.*

Bei seinen Versuchen mit Erbsen stieß MENDEL auf einen Erbgang, der in der Natur viel häufiger

Vererbung

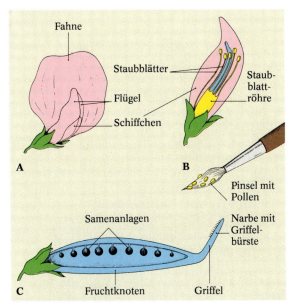

2 Künstliche Bestäubung bei der Erbse

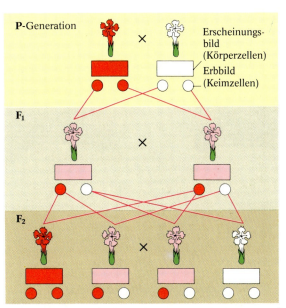

3 Zwischenelterlicher Erbgang (Wunderblume)

vorkommt als der zwischenelterliche Erbgang. Er kreuzte weiß blühende mit rot blühenden Rassen. In der F_1-Generation entstanden nur rot blühende Pflanzen. Offenbar hatte das Merkmal „rot" das andere Merkmal „weiß" überdeckt. Solche überdeckende Merkmale werden als **dominant** bezeichnet.
In Erbschemata werden dominante Merkmale mit Großbuchstaben gekennzeichnet. Das überdeckte Merkmal nennt man **rezessiv**. Es wird mit Kleinbuchstaben eingetragen.

Sind nun alle folgenden Generationen rot blühend? Auch in einem solchen *dominanten Erbgang* spalten bei der F_2-Generation die Pflanzen auf. Von 4 Pflanzen blühen durchschnittlich 3 rot und 1 weiß. Das **Erscheinungsbild** zeigt also ein Verhältnis der Blütenfarben von 3:1.

Das **Erbbild** der drei rot blühenden Pflanzen ist jedoch unterschiedlich. Vergleicht man in Abbildung 4 die Erbbilder mit dem Erscheinungsbild, so erkennt man eine Aufspaltung entsprechend der Spaltungsregel im Verhältnis 1:2:1.

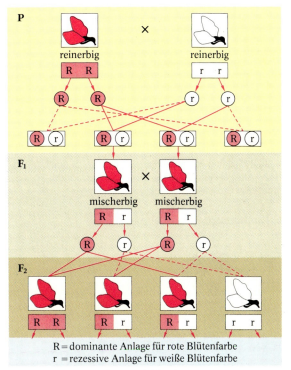

4 Dominanter Erbgang (Erbse)

1. Beschreibe anhand der Abb. 3 den zwischenelterlichen Erbgang!

Vererbung

5 Modellversuch zur Spaltungsregel

*2. Führe den Versuch zu Abb. 5 durch! Mische dazu in zwei Schalen die gleiche Anzahl von Spielmarken, die sich in 2 Farben unterscheiden!
Entnimm „blind" beiden Schalen jeweils ein Plättchen, ordne entsprechend! Überprüfe dadurch die Aussage der Spaltungsregel!*

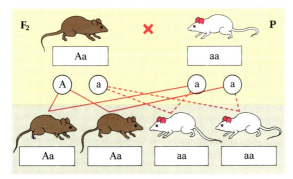

6 Rückkreuzung (mischerbige Maus)

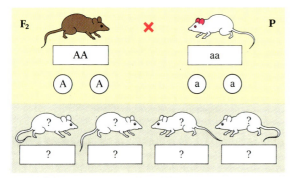

7 Rückkreuzung (reinerbige Maus)

Die Aufspaltung in der F_2-Generation gab MENDEL die Möglichkeit, Erbvorgänge zu erklären. Er wusste bereits, dass bei den Pflanzen jeweils ein Pollenkorn eine Eizelle befruchtet. Er nahm an, dass jedes Merkmal durch das *Zusammenwirken von 2* **Erbanlagen** ausgeprägt wird. Eine der beiden Anlagen stammt von der Mutter, die andere vom Vater. Spätere Versuche bestätigten diese Annahme. Die Erbanlagen werden heute **Gene** genannt.

Treffen in der befruchteten Eizelle zwei gleichartige Gene zusammen, sind die Nachkommen **reinerbig.** Die rote Blütenfarbe der Wunderblume entsteht also durch das Zusammenwirken der beiden gleichartigen Gene „rot". Die Mischfarbe „rosa" bildet sich durch das Zusammenwirken der beiden Gene „rot" und „weiß". Die Pflanzen mit den rosa Blüten sind also **mischerbig.**

Beim zwischenelterlichen Erbgang kann man das Erbbild am Erscheinungsbild ablesen. Wie kann man aber beim dominanten Erbgang feststellen, welche Tiere oder Pflanzen reinerbig sind? Planmäßiges Züchten kann nämlich nur dann erfolgreich sein, wenn man das Erbbild, z.B. der Zuchttiere, genau kennt.

Tiere, die im Erscheinungsbild das rezessive Merkmal zeigen, müssen reinerbig sein. Von ihnen kennt man also die Erbnatur des entsprechenden Merkmals. Um das Erbbild eines Tieres mit unbekannter Erbnatur festzustellen, kreuzt man es mit einem *reinerbig rezessiven* Exemplar der gleichen Art. Man nennt diesen Vorgang **Rückkreuzung,** weil man mit einem bestimmten Elterntier „zurückkreuzt". Tritt bei einer solchen Rückkreuzung im Erscheinungsbild ein Zahlenverhältnis 1:1 auf, so war das untersuchte Tier mischerbig (Abbildung 6).

3. Beschreibe anhand der Abb. 4 den dominanten Erbgang der Erbse! Unterscheide dabei den Erbgang nach Erscheinungsbild und Erbbild!

4. Vergleiche dominanten und zwischenelterlichen Erbgang miteinander! Stelle Gemeinsamkeiten und Unterschiede zusammen!

5. Übertrage die Abbildung 7 in dein Biologieheft! Vervollständige das vorgegebene Erbschema!

Vererbung

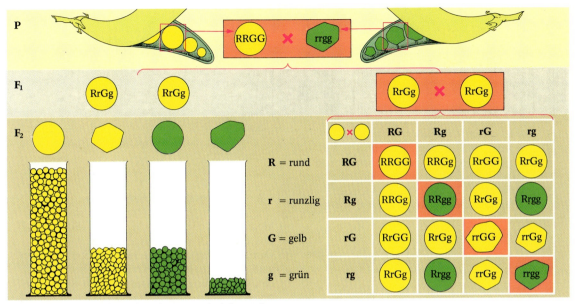

1 Erbgang mit zwei Merkmalspaaren bei der Erbse

1.3. Durch Kombination von Erbanlagen sind Neuzüchtungen möglich

Wie wirken sich die Erbgesetzmäßigkeiten aus, wenn mehrere unterschiedliche Merkmale auftreten?

Zur Überprüfung dieser Frage untersuchte MENDEL eine Pflanze, die sich in zwei leicht zu beobachtenden Merkmalen unterschied. Es gibt Erbsenrassen, die sich in *Samenform* und *Samenfarbe* deutlich unterscheiden. So benutzte MENDEL für seine Experimente Erbsen, deren Samen *gelb* und *rund* aussahen. Die Stempel solcher Rassen wurden mit dem Pollen von Erbsenrassen bestäubt, deren Samen *grün* aussahen und deren Oberfläche *runzlig* eingedellt war. MENDEL zog 15 solcher F_1-Mischlinge auf. Entsprechend der Uniformitätsregel sahen die Mischlinge gleichartig aus. Es waren durch Vereinigung des Erbgutes beider Eltern *doppeltmischerbige* Mischlinge entstanden. Ihre Samen sahen gelb und rund aus. Die Samenform „rund" und die Samenfarbe „gelb" mussten also dominant sein.

Nach der Selbstbefruchtung dieser F_1-Mischlinge entwickelten sich in der F_2-Generation 315 gelb-runde, 101 gelb-runzlige, 108 grün-runde und 32 grün-runzlige Erbsen. Es entstanden also 4 verschiedene Samenformen, die etwa in einem Zahlenverhältnis von 9 : 3 : 3 : 1 aufspalten. Diese Aufspaltung zeigte außerdem, dass die Merkmale der Ausgangsrassen unabhängig miteinander kombiniert werden konnten. So wurde zum Beispiel grün mit rund und gelb mit runzlig kombiniert. Das Ergebnis der F_2-Generation fasste MENDEL in seiner **Unabhängigkeitsregel** (3. MENDELsche Regel) zusammen: *Kreuzt man Rassen, die sich in mehreren Merkmalen unterscheiden, so werden die einzelnen Anlagen unabhängig voneinander vererbt.*

Bei zwei Merkmalspaaren ergeben sich in der F_2-Generation 16 Anlagekombinationen. Von den vier reinerbigen Nachkommen entsprechen zwei den Großeltern. Die beiden anderen sind neue *reinerbige* **Kreuzungsrassen.** Auf diese Weise ist es also möglich, „Neuzüchtungen" zu schaffen. Bei ihnen werden entsprechend den Züchtungszielen gewünschte Merkmale miteinander kombiniert.

Übung: Vererbung

V 1. Vererbung von Blütenfarben

Material: Zeichenkarton in den Farben Weiß, Rosa und Rot; Schere; Bleistift oder Filzstift

Durchführung: Zeichne auf jeden der drei Zeichenkartons je 10 Blütensymbole, etwa in der Größe eines 5-Mark-Stücks! Schneide sie aus! Mit diesen Blütensymbolen kannst du sowohl einen zwischenelterlichen als auch einen dominant-rezessiven Erbgang nachvollziehen. Lege deine Blütensymbole nach folgendem Schema:

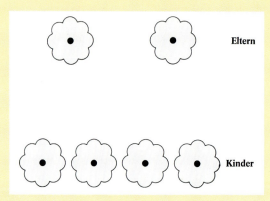

Aufgaben: a) Lege mit den Blütensymbolen einen zwischenelterlichen Erbgang, bei dem die Eltern vier Nachkommen haben! Verwende Eltern mit den Blütenfarben Weiß und Rot!
b) Lege mit den Blütensymbolen einen dominant-rezessiven Erbgang, bei dem die Eltern vier Nachkommen haben! Verwende Eltern mit den Blütenfarben Weiß und Rot!
c) Beschreibe Unterschiede zwischen beiden Erbgängen!
d) Übertrage die Erbgänge, die du erhalten hast, in dein Heft!

V 2. Mischlingskreuzung

Material: Blütensymbole aus V 1.

Durchführung: Mit den Blütensymbolen der „Kinder" aus V 1. kannst du Mischlingskreuzungen nachvollziehen. Verfahre dabei wie in V 1. (je 2 der „Kinder" aus V 1. sind jetzt die Eltern)!

Aufgaben: a) Lege mit den Blütensymbolen eine Kreuzung von Mischlingen, die aus einem zwischenelterlichen Erbgang stammen!
b) Lege mit den Blütensymbolen eine Kreuzung von Mischlingen aus einem dominant-rezessiven Erbgang!
c) Beschreibe die Unterschiede der beiden Erbgänge!
d) Übertrage die Erbgänge, die du erhalten hast, in dein Heft!

V 3. Weitergabe der Erbanlagen

Material: Zeichenkarton in den Farben Weiß und Rot; Schere; Blütensymbole aus V 1.

Durchführung: Schneide aus dem roten und dem weißen Karton je zwölf Kreise etwa in der Größe eines 10-Pfennig-Stücks aus! Mit den Blütensymbolen und den ausgeschnittenen Kreisen kannst du die Weitergabe der Erbanlagen nachvollziehen. Lege Blütensymbole und Erbanlagen nach folgendem Schema:

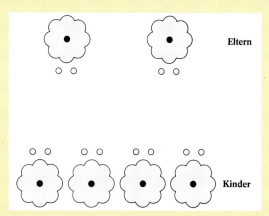

Aufgaben: a) Lege mit den Blütensymbolen das Schema eines zwischenelterlichen Erbgangs!
b) Lege mit den Blütensymbolen das Schema eines dominant-rezessiven Erbgangs!
c) Ordne den einzelnen Blütensymbolen in jedem Erbgang je zwei Farbpunkte als Erbanlagen zu!
d) Übertrage die Erbgänge, die du erhalten hast, in dein Heft!
e) Verbinde die Erbanlagen der Eltern- und Kindergeneration mit Linien, die die jeweilige Zusammenstellung der Erbanlagen bei der Vererbung zeigen!

Vererbung

Übung: Vererbung

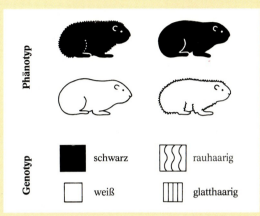

1 Kreuzungssymbole

V 4. Vererbung von zwei Merkmalspaaren beim Meerschweinchen

Material: Zwei Bogen Zeichenkarton oder dünne Pappe (DIN A 4); Papier (DIN A 2) oder Tapete; Farbstift schwarz; Bleistift; Papierschere

Durchführung: Zeichne die in Abbildung 1 dargestellten Symbole für das Aussehen (Phänotyp) der Meerschweinchen auf Zeichenkarton! Stelle auf gleiche Weise die Symbole für die Erbbilder (Genotyp) her! Es bedeuten: großes Quadrat = dominantes Merkmal; kleines Quadrat = rezessives Merkmal.
Zeichne auf das Papier – entsprechend der Abbildung 2 – ein Kombinationsquadrat mit 16 Kreuzungsfeldern! Wähle die Größe der Kreuzungsquadrate so, dass die Symbole der Tiere und der Genotypen hineinpassen!

Aufgaben: a) Erläutere den Erbgang der Kreuzung zweier reinrassiger Meerschweinchen in Abbildung 2!
b) Ermittle die möglichen Erbbilder der Meerschweinchen in der F_2-Generation! Lege dazu den Erbgang für die Kreuzung der F_1-Mischlinge mithilfe der ausgeschnittenen Symbole! Verwende dazu ein Kombinationsquadrat entsprechend der Abbildung 2!
c) Welche Bedeutung hat das Ergebnis von Aufgabe b) für die Züchter? Berichte!

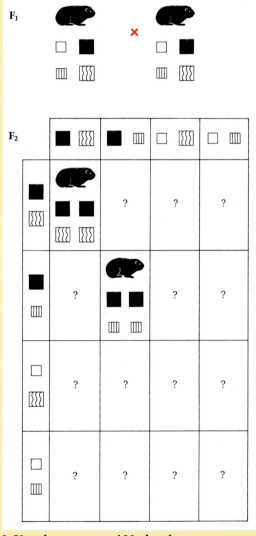

2 Vererbung von zwei Merkmalspaaren

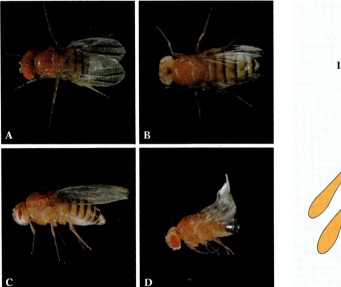

1 Taufliege. A Wildform; B bis D Mutationen

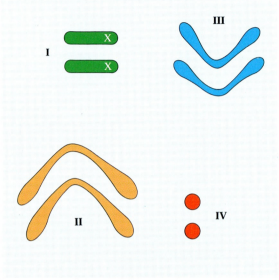

2 Chromosomensatz der Taufliege

1.4. Wie der Bauplan der Chromosomen entdeckt wurde

Der amerikanische Biologe MORGAN versuchte Anfang dieses Jahrhunderts, den Geheimnissen der Vererbung näher auf die Spur zu kommen. Bei seiner Suche nach einem Versuchstier stieß er auf die **Taufliege**. Dieses kleine, nur 3 mm große Insekt ernährt sich vorwiegend von faulenden Obstresten. Es entwickelt sich in nur 14 Tagen. Damit ist eine rasche Generationsfolge gewährleistet. Die Taufliege besitzt auch einen Chromosomensatz von nur 2 × 4 Chromosomen. Außerdem bildet sie in ihren Speicheldrüsen „Riesenchromosomen" aus, die sich leicht mikroskopisch untersuchen lassen. So wurde die Taufliege zum „Haustier" der Erbforscher.

Bei seinen Experimenten wies MORGAN nach, dass nicht alle Erbanlagen unabhängig voneinander kombinierbar sind. So sind zum Beispiel die Gene für Körperfarbe und Flügelform *gekoppelt*. Sie müssen demnach auf demselben Chromosom liegen. Bei zahlreichen Kreuzungsversuchen traten aber dennoch einige Taufliegen auf, bei denen die sonst gekoppelten Merkmale getrennt waren. Wie lässt sich das erklären?

Es musste offenbar zwischen den Chromosomen ein Austausch von Genen stattgefunden haben. MORGAN vermutete, dass dieser Austausch durch *Überkreuzung* von Chromatiden homologer Chromosomen zustande kommt. Wir wissen heute, dass sich homologe Chromosomen während der Reifeteilung vorübergehend eng aneinander legen, an einer oder an mehreren Stellen umschlingen und verkleben. Der Überkreuzungsvorgang wird als **Crossing over** bezeichnet. Trennen sich die homologen Chromosomen am Ende der Reifeteilung wieder voneinander, so kommt es vor, dass die Chromatiden an den Überkreuzungsstellen auseinander brechen. Dabei können Bruchstücke aus der Chromatide des einen Chromosoms mit Bruchstücken aus der Chromatide des benachbarten Chromosoms verschmelzen.

Man stellt sich vor, dass die Gene auf dem Chromosom hintereinander liegen wie Perlen auf einer Schnur. Beim Crossing over wurden also Bruchstücke dieser „Kette" zwischen den homologen Chromosomen ausgetauscht.

Vererbung

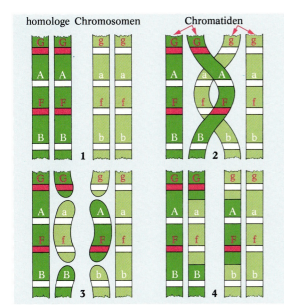

3 Crossing over bei der Reifeteilung (Meiose)

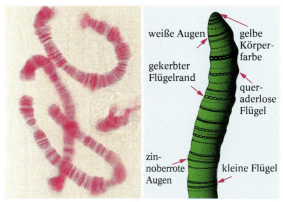

4 Riesenchromosom der Taufliege

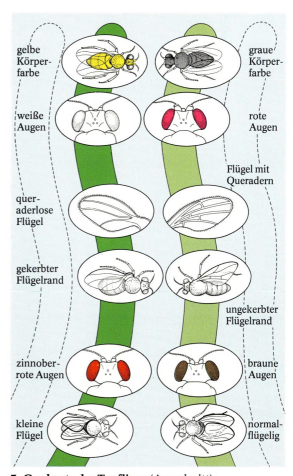

5 Genkarte der Taufliege (Ausschnitt)

Überkreuzungen können an verschiedenen Stellen der Chromatiden vorkommen. Gene, die an entgegengesetzten Enden der Chromosomen liegen, werden beim Crossing over immer getrennt. Eine Trennung benachbarter Gene tritt seltener auf.

MORGAN ermittelte, wie häufig sich gekoppelte Gene voneinander trennen. Er verglich nun diese Austauschwerte aller untersuchten Gene und bestimmte danach deren relative Entfernung auf dem Chromosom. Auf diese Weise konnte MORGAN von den Chromosomen der Taufliege **Genkarten** aufstellen. Sie zeigen die Anordnung der Gene, so wie auf Straßenkarten die Lage von Orten festgehalten ist.

Amerikanische Forscher wiesen später noch durch andere Methoden nach, dass *bestimmte Gene an festgelegten Genorten liegen müssen*. Sie bestrahlten Geschlechtszellen mit Röntgenstrahlen und konnten dadurch Chromosomendefekte erzielen. Diese waren bei den Riesenchromosomen sogar mikroskopisch erkennbar. Bei den Nachkommen der so behandelten Fliegen kam es zum Ausfall solcher Merkmale, deren Gene an den defekten Stellen lagen.

1. a) *Erläutere anhand der Abbildung 3, wie es zum Genaustausch durch Crossing over kommt!*
b) *Beschreibe, wie man Genorte ermittelt!*

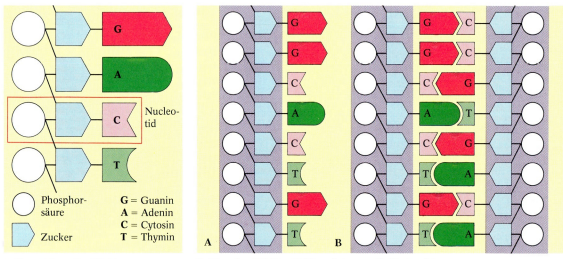

1 Bausteine der DNA

2 Bau der DNA. A Einzelstrang; B Doppelstrang

1. Schreibe andere Möglichkeiten der DNA-Kette auf, als in der Abbildung 2 dargestellt sind! Verwende zur Vereinfachung nur die Buchstabenfolge (G, A, C, T)!

1.5. DNA – ein chemischer Informationsspeicher

Die Entdeckung des Bauplanes der Chromosomen hat gezeigt, dass die Erbinformation in den Genen gespeichert ist. Diese Informationen liegen „verschlüsselt" in den Nucleinsäuren. Die Nucleinsäuren sind lange, unverzweigte Molekülketten. Trotz ihrer hundert bis zu vielen tausend Baueinheiten lassen sie sich auf wenige Grundbausteine zurückführen. Diese Grundbausteine nennt man **Nucleotide.**

Ein Nucleotid besteht immer aus drei Molekülen: einem *Zuckermolekül*, einem Molekül *Phosphorsäure* und einer stickstoffhaltigen *organischen Base*.

Handelt es sich bei dem Zucker um *Desoxyribose*, so spricht man von **Desoxyribonucleinsäure (DNS).** Heute wird für die DNS häufig die englische Bezeichnung **DNA** verwendet (**D**esoxyribo**n**ucleinacid).

Der wichtigste Bestandteil für den „Informationsgehalt" der Nucleinsäuren ist jedoch das dritte Molekül des Nucleotids: die organische Base. Auch wenn das Kernsäuremolekül aus vielen tausend Nucleotiden besteht, treten doch immer nur die vier verschiedenen Basen auf: **Adenin (A), Guanin (G), Cytosin (C)** und **Thymin (T).**

Bei der DNA stehen immer zwei Stränge einander gegenüber. So ergibt sich bei der DNA ein *Doppelstrang*, den man mit dem Bau einer Strickleiter vergleichen kann.

Aufgrund der speziellen Bauweise der einzelnen Basen-Moleküle können jedoch nicht beliebige Kombinationen (Basenpaare) auftreten. Es liegen stets Adenin und Thymin sowie Guanin und Cytosin einander gegenüber. Durch diese zwangsläufige Koppelung sind die beiden Stränge der DNA nicht identisch. Sie entsprechen sich wie Positiv und Negativ eines Abdruckes.

Untersuchungen der beiden Forscher WATSON und CRICK führten 1953 zu einem Modell, in dem der Doppelstrang der DNA nicht gestreckt, sondern spiralförmig aufgebaut ist. Man könnte diese **Doppelspirale (Doppelhelix)** mit einer Wendeltreppe vergleichen, bei der die Basenpaare die Stufen darstellen.

Vererbung

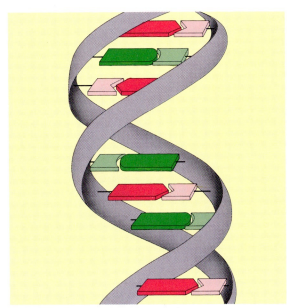

3 Schema der DNA-Doppelhelix

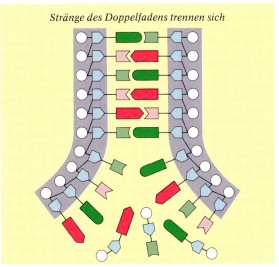
Stränge des Doppelfadens trennen sich

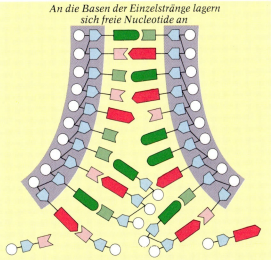
An die Basen der Einzelstränge lagern sich freie Nucleotide an

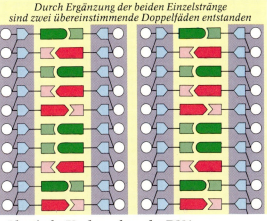
Durch Ergänzung der beiden Einzelstränge sind zwei übereinstimmende Doppelfäden entstanden

4 Identische Verdoppelung der DNA

Die Reihenfolge der Basenpaare in der Doppelhelix kann beliebig gewählt werden. Je nach Anordnung ergeben sich unbegrenzte Kombinationsmöglichkeiten. So können z.B. alle Erbanlagen in Form der Anordnung von Basenpaaren gespeichert werden. Die niedergelegten „Anweisungen" stellen die Erbinformation dar, die als **genetischer Code** bezeichnet wird.

Bei der Zellteilung muss die Erbinformation „unverfälscht" weitergegeben werden. Bei einer Verdoppelung der Chromosomen im Verlauf der Zellteilung muss sich auch die DNA *verdoppeln*. Dazu lösen sich die beiden Stränge der Doppelhelix voneinander wie zwei Hälften eines Reißverschlusses. Anschließend ergänzt jeder Einzelstrang seine „fehlende" Hälfte.

Hierzu lagern sich im Plasma vorhandene freie Nucleotide an die Basen der Einzelstränge an. Entsprechend der festgelegten Basenpaarung des Einzelstranges werden nur die „passenden" freien Nucleotide angelagert und zu einem neuen Strang verbunden. Nach Abschluss dieses Vorganges sind zwei identische DNA-Doppelstränge entstanden, die der ursprünglichen DNA völlig gleichen.

Übung: Erbinformation

V 1. Modellversuch zum Aufbau der DNA

Material: weißer Zeichenkarton oder dünne Pappe; Bindfaden; Büroklammern; Papierschere; Buntstifte: rot, grün, blau, gelb, braun; Bleistift

Durchführung: Zeichne die in Abbildung 1 dargestellten Symbole auf Zeichenkarton! Färbe die einzelnen Bausteine entsprechend der Abbildung und schneide aus!
Stelle jeden Baustein (Nucleotid) 10-mal her! Schneide zwei Bindfäden von etwa 60 cm Länge zu! Befestige die Nucleotide mit den Büroklammern an einem Bindfaden in der Reihenfolge, wie sie in der Abbildung 2 A (S. 48) dargestellt ist! Lege den Einzelstrang auf den Tisch!

Aufgabe: Ergänze den Einzelstrang auf die gleiche Weise zu einem Doppelstrang! Vergleiche mit Abbildung 2 B (S. 48)!

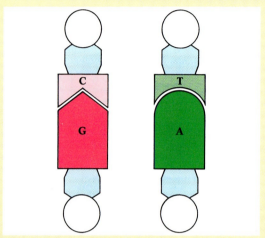

1 Symbole zur Erbinformation

V 2. Identische Verdoppelung der DNA

Material: Doppelstrang aus V 1.; Symbole aus V 1.; 2 Bindfäden, je 60 cm lang; Büroklammern

Durchführung: Nimm das Modell der DNA aus V 1.! Ziehe die freien Enden der Bindfäden reißverschlussartig auseinander (vergleiche mit Abbildung 4 (S. 49)!

Aufgaben: a) Ergänze mit den restlichen Symbolen die Einzelstränge zu Doppelsträngen! Vergleiche die beiden neu entstehenden Doppelstränge!
b) Erläutere die Bezeichnung „identische Verdoppelung" der DNA!

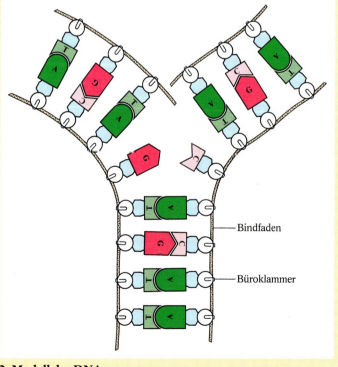

2 Modell der DNA

Vererbung

1.6. Eiweißsynthese

Beim Wachstum des Körpers wird Eiweiß für den Aufbau neuer Zellen gebraucht. Zur Synthese dieses arteigenen Eiweißes stehen als Bausteine 20 Aminosäuren zur Verfügung. Jede Aminosäure ist an ein „Träger-Molekül" mit 3 Stickstoffbasen gekoppelt. Diese 3 Basen bilden die Informationseinheit, das **Basentriplett**. Da es vier verschiedene Basen gibt, sind 64 unterschiedliche Tripletts möglich. So stellen die Basentripletts die Code-Wörter für die „Geheimschrift" der Erbinformation dar.

Die Verwendung dieser Information lässt sich bei der Eiweißsynthese gut verfolgen. An bestimmten Genorten kann man Verdickungen (Puffs) erkennen. Hier hat sich die DNA-Spirale geöffnet, sodass ihre Information anhand der Basentripletts „ablesbar" wird.
Dazu lagern sich an die Stickstoffbasen der DNA passende Nucleotide an. Diese stammen aus dem Zellplasma und werden freie Nucleotide genannt. Aneinander gereiht bilden sie einen neuen Nucleotid-Strang, die **Boten-RNA**. Bei der RNA tritt an Stelle des Thymins das **Uracil**. Die Boten-RNA löst sich fortlaufend von dem DNA-Strang des Chromosoms und wandert durch die Poren der Kernmembran weiter in das Zellplasma. Hier dient sie als Vorlage für den Aufbau der körpereigenen Eiweiße. Die dazu notwendigen Aminosäuren werden von der **Träger-RNA** gebunden und herantransportiert. Jede der 20 Aminosäuren besitzt ihre eigene Träger-RNA mit dem kennzeichnenden Triplett. Durch die vorgegebene Folge der Tripletts auf der Boten-RNA können nur die „passenden" Tripletts der Träger-RNA angelagert werden. So „tastet" die Träger-RNA die Tripletts auf der Boten-RNA ab, bis sie ein entsprechendes Triplett gefunden hat, bei dem die Kombination der drei Stickstoffbasen „passt". Damit wird nach dem „Schlüssel-Schloss-Prinzip" jede Aminosäure an den jeweiligen Platz in die Eiweißkette eingebaut.
Sind die Aminosäuren an der Eiweißkette angekoppelt, löst sich die Träger-RNA von der Boten-RNA ab. Später trennt sich auch die Träger-RNA von der Eiweißkette.

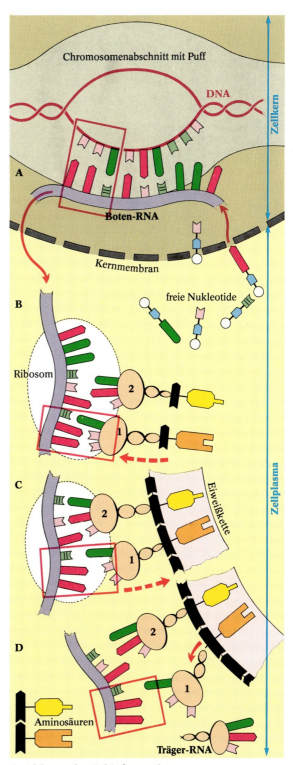

1 Ablesen der Erbinformation

1 **Damwild** (Normalform und Albino)

1.7. Mutationen – „Druckfehler" in der Erbinformation

In Parkanlagen trifft man zuweilen Rotbuchen an, deren Zweige nicht aufrecht wachsen, sondern weit herunterhängen. Es ist die *„Trauerform"* der Rotbuche. Solch eine Trauerbuche trat 1836 in England zum ersten Male auf. Aus ihren Samen und Stecklingen wuchsen wieder Buchen mit dem gleichen Merkmal „Trauerform" heran. Die Abwandlung in der Wuchsform muss also erblich sein. Solche *vererbbaren Neubildungen*, die immer sprunghaft und ohne erkennbare Ursache auftreten, heißen *Erbsprünge* oder **Mutationen**.

Auch bei Tieren treten Mutationen auf. Am auffälligsten sind die bei manchen Tierarten vorkommenden *Weißlinge* oder *Albinos*. Ein erblicher Farbstoffmangel führt zu diesem *Albinismus*. Er kommt auch beim Menschen vor. – Alle Rassen unserer Haustiere sind ebenfalls durch Erbsprünge entstanden und dann vom Menschen weitergezüchtet worden.

Wenn das veränderte Merkmal erblich ist, muss die Ursache für die Abwandlung im Erbgut zu suchen sein. Wie kann solch eine Änderung entstehen? Eine Antwort fanden Erbforscher, als sie bei planmäßigen Versuchen durch Röntgenstrahlen oder mithilfe chemischer Substanzen Mutationen künstlich hervorriefen.

Dabei zeigte sich, dass die häufigsten Mutationen durch Abänderung eines Gens oder weniger Gene erfolgen. Es sind **Genmutationen**. Dazu gehört zum Beispiel die *Rotblättrigkeit* der Blutbuche.

Die Erkenntnisse der *Molekularbiologie* geben noch genauere Hinweise auf die Vorgänge bei der Genmutation. So können zum Beispiel bei der Verdoppelung der DNA in den Chromosomen „Fehler" auftreten. An Stelle des ursprünglichen Nucleotids wird ein „falsches" eingebaut. Dadurch wird die Basenfolge im DNA-Molekül verändert. Alle folgenden Kopien übernehmen damit automatisch diesen „Fehler". Die Mutation wird vererbt.

Wie wir wissen, legt die Basenfolge fest, in welcher Reihenfolge die Aminosäuren ein bestimmtes Eiweiß aufbauen. Durch den „Druckfehler" im Text der Erbinformation wird nun aber ein anderes Eiweiß aufgebaut. Diese Er-

Vererbung

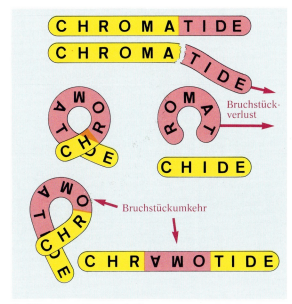

2 Chromosomenmutation

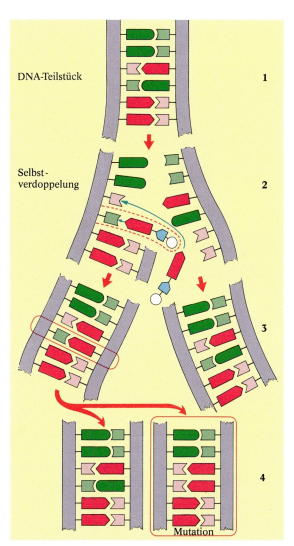

3 Entstehung einer Genmutation

scheinung konnte man an einer Erkrankung der Roten Blutkörperchen des Menschen nachweisen. Bei der *Sichelzellenanämie* unterscheidet sich das Hämoglobin von dem gesunden Blutfarbstoff nur dadurch, dass an einer bestimmten Stelle der langen Aminosäurenkette die Aminosäure Glutamin durch Valin ersetzt wurde.

Bei **Chromosomenmutationen** werden sogar ganze Teile der Chromosomen verändert. So kann es beim Crossing over zum Abbrechen von Chromosomenteilen kommen. Dieser *Bruchstückverlust* führt zur Vernichtung einer sehr großen Anzahl von Erbanlagen.

Die Bruchstücke können jedoch auch „verkehrt" wieder einwachsen und nicht verloren gehen. So führt die *Bruchstückumkehr* nur zu einer Umkehr in der Reihenfolge der Gene.

Es kann sich auch der gesamte Chromosomensatz verändern. Solche Änderung nennt man **Genommutation**. Durch Störungen während der Reifeteilung können sich die *Chromosomensätze verdoppeln* oder *vervielfachen*. Die Vervielfachung des Chromosomensatzes, die *Polyploidie*, spielt eine entscheidende Rolle bei der Züchtung von Kulturpflanzen.

1. Erläutere anhand obiger Abbildung den Ablauf einer Genmutation!

2. Treten erbliche Änderungen gleicher Erscheinungsform bei mehreren Arten auf, spricht man von Parallelmutationen. Sammle Beispiele solcher Parallelmutationen für Trauerwuchs, Albinismus, Schlitzblättrigkeit, …!

3. Verdeutliche an einem Beispiel, wie bei Genmutationen die Erbinformation verfälscht wird! Streiche zum Beispiel aus den Basentripletts .. GTU GTU GTU … eine Base! Ordne dann neu und lies ab! Verfahre ähnlich mit dem Text: WAS HAT DIE DNA MIT DIR VOR?

1 **Russenkaninchen**   2 **Löwenzahn** (Standortmodifikation)

1. Untersuche Blätter von Löwenzahnpflanzen verschiedener Standorte! Zeichne, beschreibe!

1.8. Modifikationen – Einfluss der Umwelt

Die Samen einer Löwenzahnpflanze werden mit dem Wind fortgetragen. Einige gelangen auf feuchten Boden, andere auf einen sonnenbeschienenen Wegrand, wieder andere in den Schatten einer Hecke. Auf diesen unterschiedlichen Standorten wachsen Pflanzen heran, die recht verschieden aussehen. Solche Unterschiede im Aussehen kommen durch die *Einwirkung der Umwelt* zustande. Sie heißen **Modifikationen**.

Modifikationen kommen auch bei Tieren vor. Lässt man zum Beispiel das weiße Russenkaninchen in kalten Ställen aufwachsen, bildet sich an Pfoten, Ohren, Schwanzspitze und Schnauzenspitze ein schwarzes Fell. Die Tiere im warmen Stall dagegen bleiben in ihrer Fellfarbe unverändert weiß.

Ist also die Umwelt in der Lage, das Aussehen der Lebewesen beliebig zu ändern? Um das zu überprüfen, kann man zum Beispiel von einer Bohnenpflanze alle Samen ernten und deren Länge messen. Das Messergebnis zeigt beträchtliche Unterschiede.

An einer aufgezeichneten Kurve lässt sich ablesen, wie weit die Länge der Bohnen variiert. Die **Variationskurve** zeigt auch, dass Bohnen mit einer *mittleren* Länge am häufigsten vorkommen. Sie bilden den *Mittelwert*. Die gesamte Breite möglicher Größenunterschiede heißt **Variationsbreite**.

Wie kommt es, dass mittelgroße Bohnen am häufigsten geerntet werden? Zur Erklärung, kann man den so genannten Zufallsapparat benutzen. Hier fallen aus einem Trichter Kugeln durch Nagelreihen in gleich breite Fächer. Beim Auftreffen auf einen Nagel wird jede Kugel nach links oder nach rechts abgelenkt. Ablenkung nach links soll ungünstige Umwelteinflüsse darstellen, Ablenkung nach rechts günstige Umwelteinflüsse. Die meisten Kugeln landen nach einem Zickzack-Weg schließlich in den mittleren Fächern.

Auch bei den Lebewesen werden sich wie bei dem Versuch mit dem Zufallsapparat die günstigen und die ungünstigen Umweltbedingungen die Waage halten. So erklärt es sich, dass Mittelwerte am häufigsten vorkommen.

Kann man nun aus den großen Bohnensamen

Vererbung

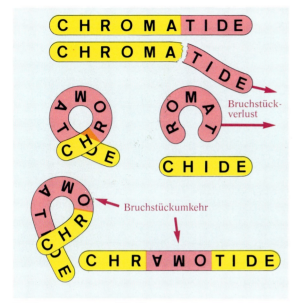

2 Chromosomenmutation

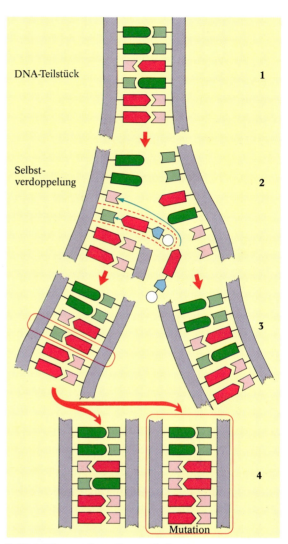

3 Entstehung einer Genmutation

scheinung konnte man an einer Erkrankung der Roten Blutkörperchen des Menschen nachweisen. Bei der *Sichelzellenanämie* unterscheidet sich das Hämoglobin von dem gesunden Blutfarbstoff nur dadurch, dass an einer bestimmten Stelle der langen Aminosäurenkette die Aminosäure Glutamin durch Valin ersetzt wurde.

Bei **Chromosomenmutationen** werden sogar ganze Teile der Chromosomen verändert. So kann es beim Crossing over zum Abbrechen von Chromosomenteilen kommen. Dieser *Bruchstückverlust* führt zur Vernichtung einer sehr großen Anzahl von Erbanlagen.

Die Bruchstücke können jedoch auch „verkehrt" wieder einwachsen und nicht verloren gehen. So führt die *Bruchstückumkehr* nur zu einer Umkehr in der Reihenfolge der Gene.

Es kann sich auch der gesamte Chromosomensatz verändern. Solche Änderung nennt man **Genommutation**. Durch Störungen während der Reifeteilung können sich die *Chromosomensätze verdoppeln* oder *vervielfachen*. Die Vervielfachung des Chromosomensatzes, die *Polyploidie,* spielt eine entscheidende Rolle bei der Züchtung von Kulturpflanzen.

1. Erläutere anhand obiger Abbildung den Ablauf einer Genmutation!

2. Treten erbliche Änderungen gleicher Erscheinungsform bei mehreren Arten auf, spricht man von Parallelmutationen. Sammle Beispiele solcher Parallelmutationen für Trauerwuchs, Albinismus, Schlitzblättrigkeit, …!

3. Verdeutliche an einem Beispiel, wie bei Genmutationen die Erbinformation verfälscht wird! Streiche zum Beispiel aus den Basentripletts .. GTU GTU GTU . . . eine Base! Ordne dann neu und lies ab! Verfahre ähnlich mit dem Text: WAS HAT DIE DNA MIT DIR VOR?

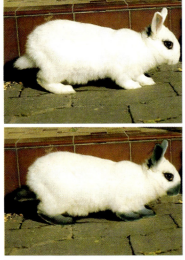

1 **Russenkaninchen** 2 **Löwenzahn** (Standortmodifikation)

1. Untersuche Blätter von Löwenzahnpflanzen verschiedener Standorte! Zeichne, beschreibe!

1.8. Modifikationen – Einfluss der Umwelt

Die Samen einer Löwenzahnpflanze werden mit dem Wind fortgetragen. Einige gelangen auf feuchten Boden, andere auf einen sonnenbeschienenen Wegrand, wieder andere in den Schatten einer Hecke. Auf diesen unterschiedlichen Standorten wachsen Pflanzen heran, die recht verschieden aussehen. Solche Unterschiede im Aussehen kommen durch die *Einwirkung der Umwelt* zustande. Sie heißen **Modifikationen**.

Modifikationen kommen auch bei Tieren vor. Lässt man zum Beispiel das weiße Russenkaninchen in kalten Ställen aufwachsen, bildet sich an Pfoten, Ohren, Schwanzspitze und Schnauzenspitze ein schwarzes Fell. Die Tiere im warmen Stall dagegen bleiben in ihrer Fellfarbe unverändert weiß.

Ist also die Umwelt in der Lage, das Aussehen der Lebewesen beliebig zu ändern? Um das zu überprüfen, kann man zum Beispiel von einer Bohnenpflanze alle Samen ernten und deren Länge messen. Das Messergebnis zeigt beträchtliche Unterschiede.

An einer aufgezeichneten Kurve lässt sich ablesen, wie weit die Länge der Bohnen variiert. Die **Variationskurve** zeigt auch, dass Bohnen mit einer *mittleren* Länge am häufigsten vorkommen. Sie bilden den *Mittelwert*. Die gesamte Breite möglicher Größenunterschiede heißt **Variationsbreite**.

Wie kommt es, dass mittelgroße Bohnen am häufigsten geerntet werden? Zur Erklärung, kann man den so genannten Zufallsapparat benutzen. Hier fallen aus einem Trichter Kugeln durch Nagelreihen in gleich breite Fächer. Beim Auftreffen auf einen Nagel wird jede Kugel nach links oder nach rechts abgelenkt. Ablenkung nach links soll ungünstige Umwelteinflüsse darstellen, Ablenkung nach rechts günstige Umwelteinflüsse. Die meisten Kugeln landen nach einem Zickzack-Weg schließlich in den mittleren Fächern.

Auch bei den Lebewesen werden sich wie bei dem Versuch mit dem Zufallsapparat die günstigen und die ungünstigen Umweltbedingungen die Waage halten. So erklärt es sich, dass Mittelwerte am häufigsten vorkommen.

Kann man nun aus den großen Bohnensamen

Vererbung

3 Bohnensamen einer Pflanze

4 Zufallsapparat

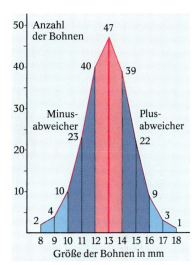
5 Variationskurve

2. Miss die Länge von Bohnensamen (zum Beispiel mit einer Schublehre) und zeichne danach eine Variationskurve!

Pflanzen züchten, die ausschließlich große Bohnensamen ausbilden und aus den kleinen solche, die ausschließlich kleine Bohnensamen ausbilden? Diese Frage lässt sich durch Zuchtversuche klären.

Wie wir wissen, vermehren sich Bohnen durch Selbstbestäubung. Sie bleiben so in ihrem Erbgut unverändert. Alle Nachkommen einer einzigen Pflanze nennt man daher eine **reine Linie**. Aus der Ernte dieser Zuchtpflanze werden drei verschieden lange Bohnen ausgewählt und unter gleichen Umweltbedingungen aufgezogen. Untersucht man die Ernte der drei Pflanzen, stellt man überraschend fest: Alle drei Pflanzen enthalten in ihren Hülsen verschieden lange Bohnen. Genaue Messungen ergeben, dass sie die gleiche Variationsbreite haben.

Modifikationen sind also nicht erblich. Es wird bei der Länge der Bohnen offenbar nur eine Durchschnittslänge vererbt, die durch die Umwelt variiert wird.

Abweichungen im Aussehen der Lebewesen einer Art bewirken, dass kaum ein Lebewesen einem anderen völlig gleicht. *Erbgut und Umwelt* prägen das Erscheinungsbild.

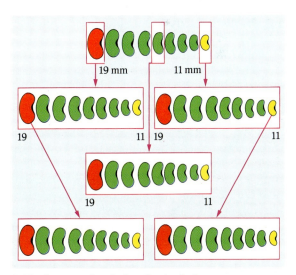
6 Zuchtversuch mit der Gartenbohne

3. Trenne von Buchenzweigen alle Blätter ab (ungefähr 100 Blätter)! Ordne sie nach ihrer Länge in fünf Gruppen! Beginne mit den kleinsten Blättern und lege die größten Blätter in die letzte Reihe! Stelle die Anzahl der Blätter in den einzelnen Gruppen fest! Zeichne eine Variationskurve! Vergleiche mit der Abbildung 5!

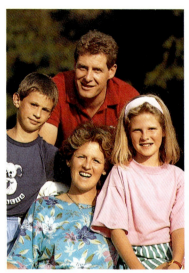

1 Merkmalsvererbung

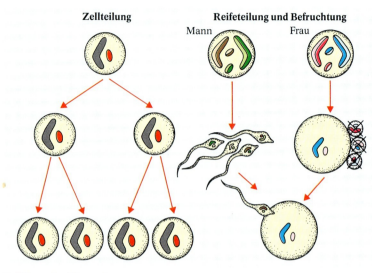

2 Wege der Vermehrung

1. Erläutere den Vorteil geschlechtlicher Fortpflanzung anhand der Abbildung 2!

2. Vererbung beim Menschen

2.1. Die biologische Bedeutung der Sexualität

Einzeller vermehren sich durch Zweiteilung. Bei mehrzelligen Pflanzen ist zum Beispiel durch Ableger, Knollen oder Stecklinge eine *ungeschlechtliche Fortpflanzung* möglich.

Wie bei allen Säugetieren sind beim Menschen zwei Geschlechter ausgebildet. Unsere Vermehrung ist fest an die geschlechtliche Fortpflanzung, die **Sexualität,** gebunden.

Bei den meisten Arten hat sich die Vermehrung über die Sexualität durchgesetzt. Heute vermehren sich über 99% aller Pflanzen- und Tierarten geschlechtlich. Welchen Vorteil hat eigentlich die geschlechtliche gegenüber der ungeschlechtlichen Fortpflanzung?

Lebewesen müssen im Laufe der Entwicklung sich ständig an veränderte Umweltbedingungen anpassen. Diese Anpassung erreichen sie durch Mutation des Erbgutes. Einzeller teilen sich meist in sehr kurzer Zeit und produzieren so eine große Anzahl von Individuen. Da bei jeder Teilung Mutanten entstehen können, bilden sich in kurzer Zeit zahlreiche mutierte Individuen. Der Mensch, der sehr viel längere Generationszeiten und geringere Nachkommenzahlen besitzt, kann sich den veränderten Umweltbedingungen so nicht anpassen. Ein sichererer Weg zur Veränderung des Erbgutes führt über die Sexualität.

Bei der Keimzellenbildung von Mann und Frau wird der doppelte Chromosomensatz der Körperzellen auf den einfachen Satz halbiert. Die Aufteilung der homologen Chromosomen eines Chromosomenpaares auf die Keimzellen erfolgt zufallsbedingt. Bei der Befruchtung kommt es somit zu einer Durchmischung und zufälligen Neukombination des Erbgutes. Es entstehen Individuen mit einer Vielzahl verschiedener Eigenschaften. Unter diesen Nachkommen sind voraussichtlich auch Individuen, die möglicherweise veränderten Umweltbedingungen besser angepasst sind als ihre Vorfahren. So hat sich in Jahrmillionen die Sexualität vor allem bei starken Veränderungen der Umweltbedingungen bewährt.

2. Erläutere die Bedeutung der geschlechtlichen Fortpflanzung für den Menschen!

Vererbung

Wer bestimmt das Geschlecht?

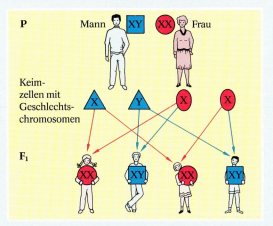

3 Bestimmung des Geschlechts

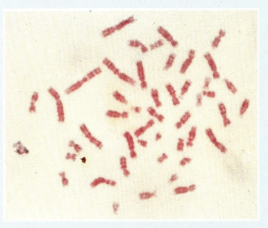

4 Chromosomen des Menschen (Mikrofoto)

„Meine Frau bringt ausschließlich Mädchen zur Welt", hört man manchmal einen Vater mehrerer Töchter sagen. Liegt die Ursache hierfür tatsächlich bei der Frau?

Die Untersuchung der Körperzellen von Mann und Frau ergeben für beide Geschlechter jeweils 46 Chromosomen. 44 davon kann man zu 22 Paaren anordnen, die jeweils gleich aussehen. Das letzte Paar ist allerdings bei Mann und Frau unterschiedlich zusammengesetzt. Bei der Frau sehen die Paarlinge gleich aus. Sie werden *X-Chromosomen* genannt. Männliche Zellen enthalten jedoch nur ein X-Chromosom. Das zweite, häkchenartig geformte wird *Y-Chromosom* genannt. Diese X- und Y-Chromosomen heißen **Geschlechtschromosomen**.

Die Chromosomenzahl der Frau beträgt 44 + XX. Sie kann daher nur Eizellen mit je einem X-Chromosom ausbilden. Beim Mann sind 44 + XY Chromosomen vorhanden. Während der Reifung der Samenzellen können Samenzellen mit X = weiblichbestimmend und Samenzellen mit Y = männlichbestimmend ausgebildet werden. Bei der Befruchtung der Eizelle wird also das männliche Geschlecht durch die Spermazelle mit dem Y-Chromosom festgelegt, das weibliche Geschlecht durch die Spermazelle mit dem X-Chromosom.

3. Erläutere, wie man aus der mikroskopischen Untersuchung einer Zelle des Menschen dessen Geschlecht bestimmen kann!

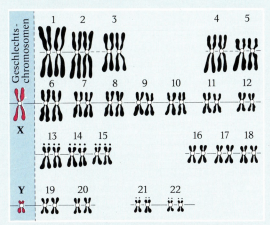

5 Chromosomensatz des Mannes

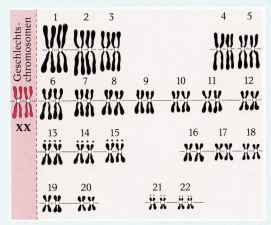

6 Chromosomensatz der Frau

1 Zungenrollen kann nicht jeder

1. Prüfe mithilfe eines Spiegels, ob du die Zunge „rollen" kannst! Überprüfe, ob auch Geschwister, Eltern und Großeltern das können! Berichte!

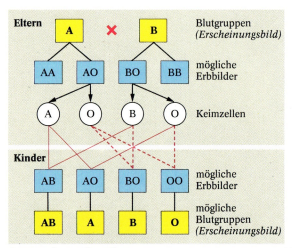

2 Vererbung der Blutgruppen

*2. a) Erläutere den Erbgang in der Abbildung!
b) Kann ein Kind mit Blutgruppe 0 von Eltern mit den Blutgruppen A und B abstammen? Begründe!*

2.2. Die Erbregeln gelten auch für den Menschen

Versuche einmal, deine Zunge einzurollen, wie es oben zu sehen ist! Üben hat keinen Zweck, wenn du es nicht schaffst. Die Fähigkeit, die Zunge auf diese Weise einzurollen, ist nämlich vererbt. Wie für alle Lebewesen gelten die Erbregeln auch für den Menschen.

Diese Gesetzmäßigkeiten lassen sich jedoch bei der menschlichen Vererbung schwerer nachweisen als bei Pflanzen und Tieren. Die Anzahl der Nachkommen eines Menschenpaares ist zu klein und die Generationsfolge zu langsam, um den Erbgang bei der Weitergabe von Merkmalen statistisch auswerten zu können.

Für die *menschliche Erbforschung*, die **Humangenetik,** wendet man verschiedene Methoden an. Es können Angaben aus Familienchroniken und Ahnentafeln meist bekannter Familien ausgewertet werden. Auch die Unterlagen aus der Zwillingsforschung oder aus Gesundheitsstatistiken liefern wichtige Hinweise über die Vererbung bestimmter Merkmale.

Erste Erkenntnisse über Erbgesetzmäßigkeiten beim Menschen gewann schon 1869 der englische Naturwissenschaftler GALTON. Durch Auswertung verschiedener Statistiken fand er heraus, dass man die *Körpergröße* von Kindern in bestimmten Grenzen voraussagen kann, wenn man die Größe der Eltern kennt.

Auch die **Blutgruppe** des Menschen ist erblich festgelegt. Genaue Untersuchungen ergaben, dass die Weitergabe dieses Merkmals nach dem *dominanten Erbgang* erfolgt. Hierbei verhalten sich die Anlagen für die Blutgruppen A und B gegenüber der Anlage für die Blutgruppe 0 dominant. Kenntnisse über die Vererbung der Blutgruppen werden oft bei Vaterschaftsnachweisen angewandt. Sind die Blutgruppen der Mutter und des Kindes bekannt, so kann man oft schon anhand der Erbregeln mögliche Väter bestätigen oder ausschließen.

Mit einem Experiment konnte der Chemiker FOX 1931 den dominanten Erbgang der **PTH-Schmeckfähigkeit** beim Menschen nachweisen. Es gibt Menschen, die den bitteren Geschmack von **P**henyl**t**io**h**arnstoff (PTH) wahrnehmen, andere dagegen schmecken ihn nicht.

Vererbung

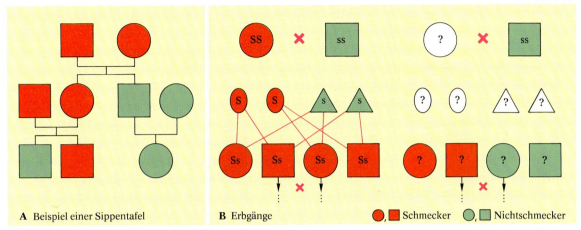

A Beispiel einer Sippentafel **B** Erbgänge ●,■ Schmecker ●,■ Nichtschmecker

3 Vererbung der PTH-Schmeckfähigkeit

3. a) Schau dir die Sippentafel in der Abbildung 3 A genau an! Erläutere jeweils, wer in der Ahnenfolge „Schmecker" oder „Nichtschmecker" ist!
b) Stelle das Erbbild der Personen fest!
c) Gib eine Begründung, warum es sich um einen dominant-rezessiven Erbgang handelt!
d) Zeichne ein Kombinationsquadrat und vervollständige den Erbgang der Abbildung 3 B!

FOX konnte in groß angelegten Versuchen die Bevölkerung der USA untersuchen. Er fand heraus: Es gibt ungefähr 70% „Schmecker"; das Merkmal „Schmecker" verhält sich dominant gegenüber dem Merkmal „Nichtschmecker".
Daneben gibt es auch äußerlich sichtbare Merkmale, die sich dominant vererben. So weiß man, dass zum Beispiel dunkle **Augenfarbe** die helle überdeckt. Krauses **Haar** dominiert über welliges und dieses wiederum über glattes Haar.
Neben körperlichen Anlagen lässt sich aber auch die *Erblichkeit geistiger und seelischer Anlagen* nachweisen. So kann man bei Auswertung der Ahnentafel der Familie DARWIN erkennen, dass sich die *Begabung für Naturwissenschaften* über viele Generationen häuft. Die Familie BACH liefert ein eindrucksvolles Beispiel für die Vererbung der *Musikalität*.
Alle Menschen besitzen bestimmte Begabungen. Die Anlage hierfür haben sie von ihren Vorfahren geerbt. Die Anlagen weisen jedoch bestimmte Variationsbreiten auf. Durch Umwelteinflüsse wie Erziehung und Unterricht zum Beispiel können bestimmte Anlagen gefördert werden.

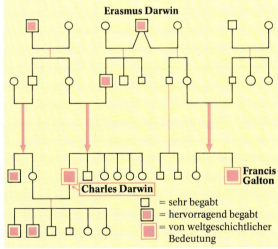

4 Sippentafel mit Angabe über naturwissenschaftliche Begabung in der Sippe DARWIN

4. Erläutere, was aus der Abbildung 4 über die menschliche Vererbung herauszulesen ist!
Erkläre, warum es bei dieser Darstellung so aussieht, als ob naturwissenschaftliche Begabung an das männliche Geschlecht gebunden ist! Denke dabei an die Zeit, in der Darwin lebte (1809–1882)!

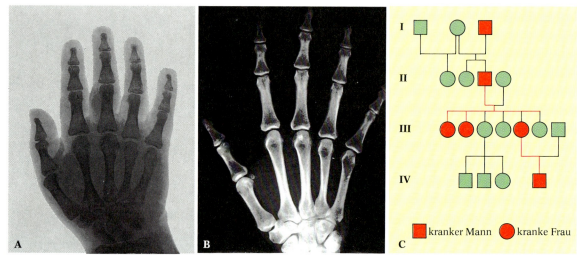

1 Kurzfingrigkeit. A kurzfingrige Hand; B normale Hand; C Erbgang

1. Beschreibe die beiden Röntgenbilder und erläutere sie!

2. Deute den Erbgang der Kurzfingrigkeit anhand der obigen Abbildung! Stelle ein Erbschema auf!

2.3. Erbkrankheiten behindern den Menschen

Einige Adelsgeschlechter sind seit Generationen von einer rätselhaften Krankheit betroffen. Manche männliche Mitglieder dieser Familien sind ständig in Lebensgefahr. Bei der kleinsten Verletzung drohen sie zu verbluten. Die Blutgerinnung ist bei diesen Menschen stark verzögert. Wunden heilen dadurch langsam oder gar nicht. Da es über Adelsgeschlechter ausführliche Ahnentafeln gibt, kann man feststellen, dass diese **Bluterkrankheit** in regelmäßiger Generationsfolge auftritt. Offenbar handelt es sich um eine Erbkrankheit.

Ein weiteres Beispiel für Erbkrankheiten ist die **Kurzfingrigkeit.** Dabei handelt es sich um eine Erbkrankheit mit *dominantem Erbgang*. Bei dieser Krankheit entwickeln sich die Gliedmaßen nicht normal. Die mittleren Fingerknochen beenden frühzeitig ihr Wachstum und verschmelzen mit den vorderen. In diesem Fall weisen die Finger nur noch ein Gelenk auf. Bei einer anderen Form der Kurzfingrigkeit sind die Finger- und Mittelhandknochen so verkürzt, dass die Hände stummelförmig aussehen. – Ist jemand von der Kurzfingrigkeit betroffen, so trägt er meist außer dem dominanten Gen, das die Missbildung auslöst, auf dem homologen Chromosom die entsprechende gesunde Anlage. Er ist mischerbig. Sind beide Eltern im Hinblick auf dieses Merkmal mischerbig, können die beiden krank machenden Anlagen zusammentreffen. Die Folgen sind dann oft schwere Missbildungen oder ein früher Tod.

Eine weitere dominante Erbkrankheit ist die erbliche **Nachtblindheit.** Sie äußert sich darin, dass sich die Augen nur unzureichend an die Dämmerung und an geringe Helligkeit anpassen. Auch *Vielfingrigkeit*, erbliche *Knochenbrüchigkeit* und eine bestimmte *Starerkrankung* (Augenerkrankung) gehören zu den Erbkrankheiten mit dominantem Erbgang.

Die Frage, ob es sich um ein Erbleiden handelt oder nicht, ist bei *rezessiven Erbgängen* schwieriger zu beantworten. Das die Krankheit auslösende Gen wird hier erst wirksam, wenn beide rezessiven Gene zusammenkommen. Alle Menschen besitzen Anlagen für rezessive Erbkrankheiten. Da sich die Verteilung die-

Vererbung

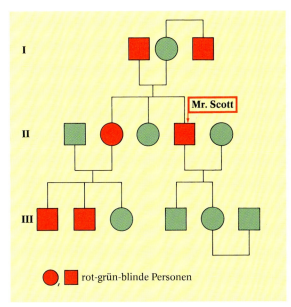

2 Erbgang der Rot-Grün-Blindheit

DOWN-Syndrom

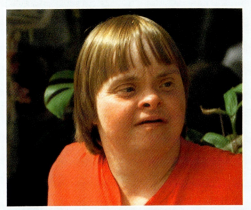

3 Mädchen mit DOWN-Syndrom

4 Chromosomensatz beim DOWN-Syndrom

ser Gene unter Blutsverwandten vermutlich sehr ähnelt, treten Erbkrankheiten bei **Verwandtenehen** häufiger auf als bei Nachkommen aus Ehen nicht blutsverwandter Partner.

Die **Rot-Grün-Blindheit** ist ein weiteres Beispiel für eine rezessive Erbkrankheit. Bei dieser Farbfehlsichtigkeit verwechseln die Kranken Rot, Orange, Gelb und Gelbgrün miteinander. Ein bestimmtes Rot und ein bestimmtes Grün sehen sie als Grau.

Bereits im 18. Jahrhundert wurde die Krankheit „statistisch" erfasst. Es fiel auf, dass die vererbte Rot-Grün-Blindheit besonders häufig beim männlichen Geschlecht auftritt. So sind nach den heutigen Ermittlungen in Europa etwa 8% der Männer, aber nur 0,5% der Frauen von dieser Krankheit betroffen. Das Gen für die Rot-Grün-Blindheit liegt auf dem X-Chromosom. Der Erbgang ist *geschlechtschromosomengebunden*. Trifft ein „krank machendes" Gen bei der Befruchtung auf ein Y-Chromosom, so kommt die Krankheit in jedem Fall zum Ausbruch. Frauen erkranken an der Rot-Grün-Blindheit nur dann, wenn *beide* X-Chromosomen die Anlage für die Krankheit besitzen.

Die frühere Bezeichnung *Mongolismus* stammt von den an die mongolische Rasse erinnernden Partien um Augen, Mund und Nase. Die heute als **DOWN-Syndrom** bezeichnete Krankheit tritt spontan und unberechenbar auf. Sie kommt auch bei Familien vor, die über mehrere Generationen erbgesund waren. Menschen mit DOWN-Syndrom sind durch Wachstumsstörungen, geistige Unterentwicklung und starke Anfälligkeit gegenüber Infektionskrankheiten sowie Herzerkrankungen behindert.

Die Krankheit geht auf einen „Fehler" im Chromosomensatz zurück. Das Chromosom 21 ist dreimal vorhanden. Die Krankheit ist dem betroffenen Menschen also *angeboren* und nicht vererbt.

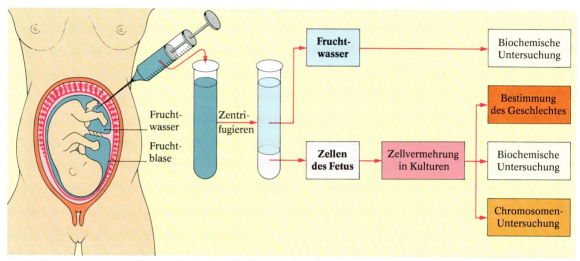

1 Fruchtwasseruntersuchung als eine Methode vorgeburtlicher Untersuchung

1. Erläutere anhand der Abbildung eine Methode der vorgeburtlichen Untersuchung!

2. Berichte über die Bedeutung der vorbeugenden Erbgesundheitsvorsorge!

2.4. Gefahren für das menschliche Erbgut

Viele Menschen sind durch Erbkrankheiten belastet. Bei ihren Vorfahren haben sich erbbedingte Störungen gezeigt. Aber auch der Nachkomme, bei dem die Erbkrankheit nicht ausgebrochen ist, weiß nicht, ob er trotzdem die rezessive Anlage zu der betreffenden Krankheit trägt. Wollen zwei Partner dann ein Kind haben, machen sie sich Sorgen um dessen Gesundheit und fragen sich, ob es möglicherweise erbkrank wird.

Mit Problemen der Erbgesundheit beschäftigt sich schon seit Ende des 19. Jahrhunderts die Erbpflege oder **Eugenik.** Man kann sich heute beraten lassen, ob ein erbkrankes Kind zu erwarten ist. Solche **genetischen Beratungsstellen** geben den zukünftigen Eltern Rat.

Die Auswirkungen einiger Erbkrankheiten können mithilfe der modernen Medizin gemildert werden. Deshalb kommt der **vorbeugenden Erbgesundheitsvorsorge** besondere Bedeutung zu. Denn es kann vielen Menschen geholfen werden, wenn man die Erbkrankheit rechtzeitig erkennt. Den Bluterkranken zum Beispiel kann man durch Verabreichung von Blutgerinnungsmitteln helfen. Bei der Stoffwechselkrankheit PKU kann es zu einer Schädigung des Gehirns kommen. Eine spezielle Diät verhindert die Bildung giftiger Substanzen.

Bei der *vorgeburtlichen Untersuchung* des Embryos lassen sich so rechtzeitig Stoffwechselkrankheiten erkennen und behandeln. Zur Untersuchung des Fetus entnimmt man etwas Fruchtwasser. Man untersucht dann dieses Fruchtwasser und die in ihm enthaltenen Zellen. In Nährflüssigkeiten lassen sich die Zellen weiterzüchten, vermehren und untersuchen. Dabei gelingt es, rechtzeitig Stoffwechselstörungen und Chromosomenschäden festzustellen.

Durch solche Untersuchungen können bereits kurz nach der Geburt medizinische Maßnahmen ergriffen werden, um festgestellte Krankheiten sofort zu bekämpfen. Allerdings sind Fruchtwasser-Untersuchungen nicht ganz risikolos.

Die Erbgesundheit wird heute zunehmend durch eine weitere Gefahr beeinflusst. *Mutationen* verändern das Erbgut. Mutationen treten zwar in der Natur in geringer Zahl immer auf.

Vererbung

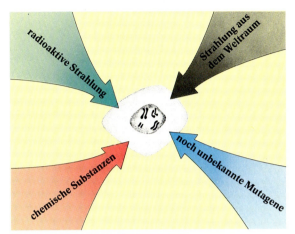

2 Mutagene

3. a) Erläutere, warum sich die Belastung des Menschen durch Mutagene ständig erhöht!
b) Wie kann man sich vor der Einwirkung der Mutagene schützen?

Aber auf verschiedene Weise verursacht der Mensch heute eine **Erhöhung der Mutationsrate**. Das heißt, dass die Anzahl der Mutationen sprunghaft ansteigt. Einflüsse, die Mutationen auslösen, nennt man **Mutagene**. Zu solchen Mutagenen gehören zum Beispiel *ionisierende Strahlen* – wie Röntgenstrahlen – oder durch Umgang mit Radionukliden freigesetzte Stoffe. Aber auch verschiedene *chemische Stoffe* schädigen das Erbgut. Weiter stehen verschiedene Pflanzenschutzmittel, Farben, Konservierungsstoffe und Rauschdrogen im Verdacht, das Erbgut zu schädigen. Sie wirken auf die DNA ein und verändern damit die Erbsubstanz. Entwicklungsschäden und schwere Missbildungen können die Folge sein.

Die **abschirmende Erbgesundheitsvorsorge** versucht eine Verringerung der Mutagene zu erreichen. Sie sorgt dafür, dass Strahlenbelastungen des Menschen gemindert werden und erforscht, welche Chemikalien Mutationen auslösen können. Durch gesetzliche Maßnahmen soll die Einwirkung von Mutagenen begrenzt werden.

Kann der Mensch „künstlich" hergestellt werden?

Du hast sicher schon Sensationsmeldungen über so genannte **Retortenbabys** gelesen.
Die Retorte ist ein Glasgefäß der Chemiker, das früher zur Analyse oder Synthese chemischer Verbindungen benutzt wurde. Ist ein Retortenbaby also ein „künstlich" hergestellter Mensch?
Das ist natürlich nicht der Fall! Es wird keinesfalls ein Mensch künstlich erzeugt. Bei dieser Methode, die auch „In-vitro-Fertilisation" genannt wird, findet nur die Befruchtung außerhalb des menschlichen Körpers, im „Reagenzglas", statt. Man hilft damit Paaren, bei denen aus verschiedenen Gründen eine natürliche Befruchtung der Eizelle im Körper nicht möglich ist.
Bei der „künstlichen" Befruchtung wird der Eierstock durch eine Hormonbehandlung angeregt, mehrere reife Eizellen zu bilden. Kurz vor dem Eisprung entnimmt sie der Arzt und überführt sie in ein Gefäß mit einer Nährlösung. Dann gibt er Samenflüssigkeit hinzu. Darauf erfolgt zumeist die Befruchtung der Eizellen. Wenn sich die befruchteten Eizellen mehrfach geteilt haben, werden sie in die Gebärmutter der Frau eingesetzt.
Eine erfolgreiche Einnistung gelingt nur, wenn der Eingriff zur richtigen Zeit vorgenommen wird. Dabei muss im normalen Zyklus der Frau der Zeitpunkt erreicht sein, an dem die entsprechenden Hormone vom Körper gebildet werden. Wenn sich eine Eizelle eingenistet hat, entwickelt sich der Embryo wie bei einer „normalen" Schwangerschaft.
Meist können nicht alle Eizellen, die befruchtet wurden, gleichzeitig wieder in die Gebärmutter eingesetzt werden. Die „überzähligen Embryonen" werden tiefgefroren und – falls es nicht zur Schwangerschaft gekommen ist – für weitere Versuche bereitgehalten.
Paare, die nur mithilfe der künstlichen Befruchtung Eltern werden können, sind froh über diese Entwicklung in der Fortpflanzungsmedizin. Es gibt aber auch viele kritische Stimmen, die ethische und moralische Bedenken geltend machen. Was geschieht z.B. mit den „überzähligen" Embryonen? Wem gehören sie? Darf mit ihnen geforscht werden?

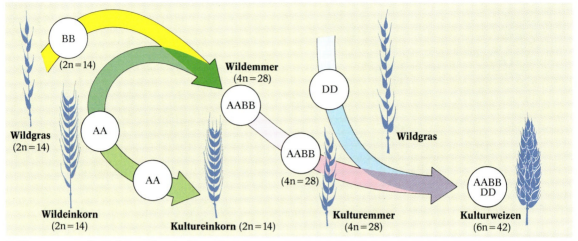

1 Ursprung und Züchtung des Kulturweizens
(n = 1facher Chromosomensatz; 2n = doppelter Chromosomensatz usw.)

1. Erläutere den Vorgang des Einkreuzens am Beispiel des Weizens!

3. Der Mensch nutzt die Kenntnis der Erbgesetzmäßigkeiten

3.1. Züchtung durch Auslese und Kreuzung

Die Ähre des Wildweizens enthält ungefähr 18 Körner. Der heutige Kulturweizen dagegen bildet Ähren mit etwa 35 Körnern aus. Auf diese Weise erntet man gegenwärtig über 5 t Weizen von einem Hektar. Noch vor 50 Jahren konnte man nur 2 t auf einem Hektar erzeugen. Man kann also durch planmäßige **Züchtung** von **Kulturpflanzen** die Erträge steigern und so unsere Ernährung sichern helfen. Wie ist aber der Mensch bei der Züchtung vorgegangen?

Man wählte aus einer großen Anzahl von Pflanzen immer diejenigen aus, die etwas höheren Ertrag brachten als andere Pflanzen der gleichen Art. Durch diese **Auslese** erreichte man das Züchtungsziel aber nur dann, wenn sich das ausgelesene Merkmal als erblich herausstellte. Bei höherem Ertrag durch Modifikation blieb die Auslese erfolglos.

Der *Weizen* bietet ein anschauliches Beispiel für die Züchtung von Kulturpflanzen. Seine Stammform, das *Wildeinkorn*, ähnelt in vielen Merkmalen den Wildgräsern mit ihren charakteristischen Merkmalen. Bei der *Wildform* sind die Ährenspindeln brüchig. Sie zerfallen bei der Reife. Dies fördert die Verbreitung der Körner. Sie bleiben von Spelzen umhüllt, die mit Widerhaken besetzt sind. Diese Widerhaken können sich im Fell der Tiere festhaken. So werden die Körner weit verbreitet.

Heutige Weizensorten müssen jedoch den Anforderungen der modernen Landwirtschaft genügen: Die Anzahl der Körner pro Ähre musste erhöht werden, um den Gesamtertrag zu steigern; Erntemaschinen verlangen feste Ährenspindeln und Körner, die sich leicht aus den Spelzen lösen. Um mehr Anbauflächen zu nutzen, ist es auch notwendig, Rassen zu züchten, die bei unterschiedlichem Klima gedeihen.

Vom Weizen sind viele Rassen gezüchtet worden. Die ältesten Weizensorten haben niedrige Chromosomenzahlen. Ihre Ähren enthalten nur wenige Körner. Durch **Einkreuzen** von Wildgräsern bei gleichzeitiger Verdoppelung des Chromosomensatzes entstand zunächst der *Wildemmer*. Planmäßige Weiterzucht führte bis zu dem heutigen *Kulturweizen* mit sechsfachem Chromosomensatz. Der Kulturweizen besitzt zahlreichere und größere Körner als die

Vererbung

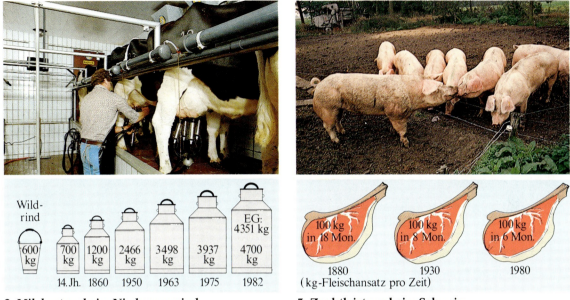

2 Milchertrag beim Niederungsrind

3 Zuchtleistung beim Schwein

Wildform. Er hat eine feste Ährenspindel und die Körner lösen sich gut aus den Spelzen.

Auch bei Wildtieren hat der Mensch schon vor Jahrtausenden unbewusst solche Tiere zur *Zucht* ausgewählt, bei denen eine ihm vorteilhaft erscheinende **Mutation** auftrat. Für die Weiterzucht wurden also nur bestimmte Tiere ausgewählt. So konnte er durch planmäßige **Auslese** Tiere mit ihm nützlich erscheinenden Eigenschaften züchten.

Um die gewünschten Eigenschaften bei Nutztieren zu erzielen, wird die **Inzucht** angewandt. Dabei kreuzt man Tiere untereinander, die aus derselben Zucht stammen. Beim *Hausrind* zum Beispiel sollen durch diese Methode die gewünschten Nutzleistungen weiter verbessert werden. Ziele der Rinderzucht sind entweder eine große Milchleistung oder ein hoher Fleischertrag. Diese Züchtung hat beachtliche Erfolge erzielt.

Mit großer Sorgfalt werden nur Stiere zur Zucht ausgewählt, deren Erbanlagen besonders wertvoll sind. Das Sperma solcher Stiere wird gesammelt und tiefgefroren aufbewahrt. Durch **künstliche Besamung** kann man die Nachkommenschaft der Stiere erheblich vergrößern. Der Stier „Matador" zum Beispiel ist der berühmte Stammvater für das *Schwarzbunte Niederungsrind*. Seine Erbanlagen wurden in ostfriesische Rinderrassen eingekreuzt. Durch diese **Einkreuzung** und durch wiederholtes Verpaaren mit den Nachkommen konnte man wertvolle Gene anreichern. Das Schwarzbunte Niederungsrind erbringt eine besonders gute Milchleistung.

Auch unsere *Schweinerassen* stammen von Wildformen ab. Sie sind durch *Kreuzung* des ostasiatischen Bindenschweines mit dem europäischen Wildschwein hervorgegangen. Entsprechend den Verbraucherwünschen züchtete man die veredelten Rassen des heutigen Zuchtschweines. Zuchtziele sind dabei: Verbesserung der Fleischqualität, Erhöhung des Lebendgewichtes und aus Kostengründen gute Futterverwertung bei geringeren Mastzeiten.

Um 1870 dauerte die Mast eines recht fetten Schweines 18 Monate. Das heutige veredelte Hausschwein liefert fettarmes Fleisch und ist schon nach 6 Monaten schlachtreif.

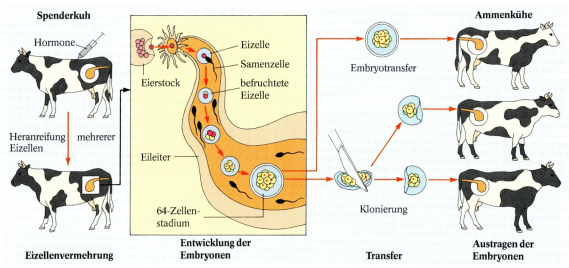

1 Embryotransfer beim Rind

1. Beschreibe die Vermehrung des Rindes in Abb. 1!   2. Ist der Begriff Embryotransfer eigentlich korrekt?

3.2. Mehr Nachkommen durch Biotechnik

Ein wichtiges Nutztier, zum Beispiel das Rind, hat mit 280 Tagen eine relativ lange Tragzeit. Es bekommt pro Jahr nur ein Kalb, im ganzen Leben also nur etwa 15 Nachkommen. Dies ist sehr „unproduktiv" für die Vermehrung von Tieren mit wertvollem Erbgut! Heute kann man jedoch in modernen Zuchtstationen die Anzahl der Nachkommen vergrößern. Dazu werden einer Kuh etwa in der Mitte ihres sexuellen Zyklus bestimmte Hormone gespritzt. Diese bewirken, dass gleichzeitig mehrere Eizellen heranreifen und später zur Befruchtung bereitstehen. Man überträgt nun Samenzellen eines Zuchtbullen in die Gebärmutter. Diese **künstliche Befruchtung** stellt sicher, dass die Eizellen nur von einem Bullen mit den gewünschten Erbmerkmalen befruchtet werden.

Die befruchteten Eizellen teilen sich fortlaufend. Während der Wanderung durch den Eileiter entstehen die Embryonen. Am 7. Tag haben sie etwa das 64-Zellen-Stadium erreicht. Nun führt man einen Schlauch in die Gebärmutter der Kuh ein. Mithilfe einer „Spülflüssigkeit" werden die Embryonen ausgespült und aufgefangen. Im Durchschnitt gewinnen die Züchter dabei etwa 10 Embryonen, die für die Weiterzucht Verwendung finden.

Die Embryonen können unmittelbar in die Gebärmutter einer *Ammenkuh* übertragen werden. Auch diese Ammenkuh hat Hormonspritzen bekommen, die ihren sexuellen Zyklus dem des Spendertieres angleicht. Denn nur in eine auf diese Weise vorbereitete Gebärmutter kann sich der übertragene Embryo einnisten und heranwachsen. Das Zuchtverfahren bezeichnet man als **Embryotransfer.** Die Ammenkühe werden von den Züchtern oft als zu „minderwertig" für genetisch eigenen Nachwuchs angesehen. Mit bis zu zwei Embryospülungen und -transfers lässt sich der Nachwuchs einer Hochleistungskuh verzwanzigfachen.

Eine weitere Vervielfachung kann man darüber hinaus durch das **Klonen** erreichen. Dabei wird der Zellhaufen eines sich bildenden Embryos unter dem Mikroskop mit einem winzigen Glasmesser geteilt. Aus den verbliebenen Hälften können sich zwei genetisch identische Tiere entwickeln, also zwei gleiche Kopien – Klone.

Vererbung 67

1 **Tomoffel.** A Knollen der Kartoffel; B Knollen der Tomoffel

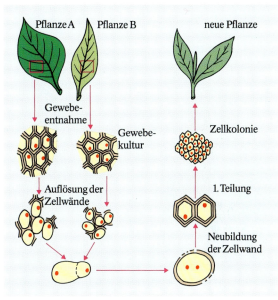

2 **Zellverschmelzung**

3.3. Gentechnik – Chancen und Risiken

Hühnerfleisch mit Rindfleischgeschmack, Eier ohne das schädliche Cholesterin, Kakaobohnen, die gleich Süßstoff enthalten, Pfirsiche ohne Kerne in einer Bananenschale, ... wird so unser zukünftiger Speisezettel aussehen? Biologen planen schon solche Nahrungsmittel und haben bereits einige Erfolge erzielt.
Kannst du dir zum Beispiel etwas unter einer „Tomoffel" vorstellen? – Die *Tomoffel* ist eine künstlich erzeugte Pflanze und sie existiert tatsächlich. Es ist Forschern schon vor einiger Zeit gelungen, Zellen aus Gewebekulturen von Tomate und Kartoffel miteinander zu verschmelzen. Man entnahm Kartoffel- und Tomatenpflanzen Gewebeteile. Nach Auflösung der Zellwände führte man eine Verschmelzung der Zellinhalte (Protoplasten) durch. Aus der Verschmelzung wuchs dann ein „neuer Organismus" heran. Der entstandene Mischling, die Tomoffel, sah anders aus und besaß andere Eigenschaften als die Ausgangspflanzen.
So haben Biologen durch künstlichen Eingriff in natürliche Vorgänge eine neue Art „hergestellt". Sie haben nämlich bei diesem biotechnischen Verfahren durch die Verschmelzung der Kerne auch das *Erbgut* geändert.
Über eine Zellverschmelzung hinaus kann man das Erbgut von Pflanzen und Tieren *gezielt* auch durch die Einschleusung fremder Gene verändern. Solche biotechnischen Verfahren werden als **Gentechnik** bezeichnet.
Ein Beispiel dafür ist die gentechnische Manipulation bei Tomaten. Diese besitzen ein Enzym, das die Zellwände der reifenden Frucht abbaut. Für die natürliche Verbreitung der Samen ist dies ein wirksames Verfahren. Für den Handel ist damit der Transport und eine längere Lagerung solcher reifen Früchte nicht möglich. Daher werden Tomaten noch „grün" geerntet und müssen auf dem Versandweg reifen. Bereits 1989 gelang es den *Gentechnikern*, in das Erbgut der Tomaten ein Gen einzuschleusen, das die Entstehung des „Weichmacher-Enzyms" verhindert. Nun können auch reife Tomaten geerntet und für den Handel nutzbar werden.
Auch bei Tieren wird die Gentechnik eingesetzt. Um zum Beispiel ein schnelleres Wachstum, größeren Fleischansatz und bessere Futterver-

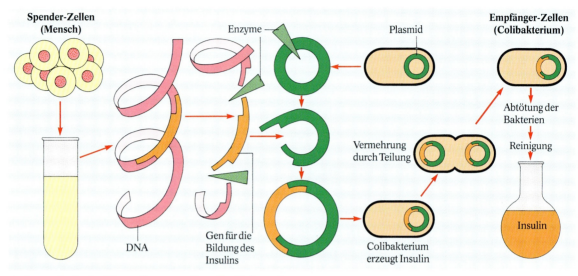

3 Gentechnische Herstellung von Insulin (Schema)

1. Erläutere die Verfahren zur Einschleusung fremder Gene in Zellen!

wertung zu erzielen, wird Schweinen ein menschliches Wachstumsgen eingeschleust. Allerdings stellte sich heraus, dass diese Schweine ein viel zu schwaches Bewegungssystem besaßen, mit dem sie Mühe hatten, sich auf den Beinen zu halten.

Wie gelingt nun eigentlich die gezielte Einschleusung fremder Gene in einen Organismus? Die gentechnische Herstellung von **Insulin** ist ein heute gebräuchliches Verfahren. Das von der Bauchspeicheldrüse erzeugte Hormon Insulin regelt den Blutzuckerspiegel des Menschen. Es muss Zuckerkranken gespritzt werden, weil bei ihnen die Bauchspeicheldrüse kein oder nicht mehr genügend Insulin herstellt. Dieses Insulin wurde bisher aus den Bauchspeicheldrüsen von Schlachttieren wie Schafen, Rindern oder Schweinen gewonnen. Allerdings ist es nicht gleich aufgebaut wie das menschliche Insulin. Das führte bei manchen Zuckerkranken zu Unverträglichkeiten. Außerdem ist die Gewinnung aus Tieren in ausreichender Menge aufwendig und teuer.

Mithilfe der Gentechnik kann Insulin heute „künstlich" hergestellt werden. Dazu muss man zunächst menschliche DNA gewinnen. Anschließend werden mit bestimmten *Enzymen* die DNA-Ketten aufgespalten. Aus den Bruchstücken isoliert man das DNA-Stück mit der Erbinformation für die Bildung von Insulin.

Dieses Bruchstück fügt man in das Erbgut von **Colibakterien** ein, die auch im menschlichen Darm vorkommen. Warum eignen sich Bakterien besonders gut dafür? Bei den Bakterien liegt das Erbgut in der Zelle ringförmig vor. Dieses ringförmig angeordnete Erbgut nennt man **Plasmid.** Bei jeder Zellteilung des Bakteriums werden die Plasmide verdoppelt und auf die Folgezellen verteilt. Mithilfe von Enzymen kann man die ringförmigen Plasmide aufspalten. Anschließend wird das Bruchstück der menschlichen DNA in die Zelle eingeschleust und in das Plasmid eingebaut. Es ist ein Colibakterium entstanden, das menschliches Insulin herstellt. Bei jeder Teilung der Zellen entstehen nun neue Bakterien, die Insulin produzieren. Vor der eigentlichen „Ernte" werden die Colibakterien abgetötet und das Insulin abgetrennt. Nach einer Reinigung steht es für die Behandlung der Zuckerkranken zur Verfügung.

Vererbung

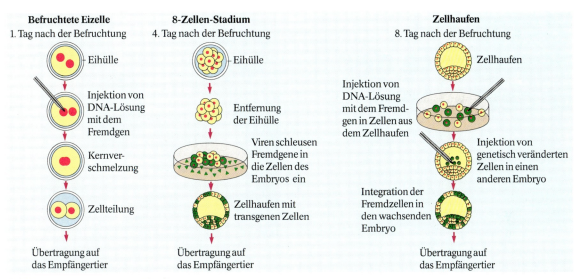

4 Wege zum transgenen Rind

2. Beschreibe mögliche Wege zum transgenen Rind nach Abbildung 4!

Zur Einschleusung fremder Gene in eine Zelle gibt es noch weitere Möglichkeiten. Die Abbildung 4 zeigt drei verschiedene Wege, ein fremdes Gen mit der gewünschten Eigenschaft direkt in die befruchtete Eizelle einzuschleusen, die der Gebärmutter entnommen wurde. Einen Tag nach der Befruchtung wird die DNA-Lösung injiziert. Bei der Kernverschmelzung wird die DNA in das Erbgut des entstehenden Embryos aufgenommen.

Bei einem 2. Verfahren wird bei der befruchteten Eizelle die Eihülle entfernt. Dann schleust man mithilfe von Viren Fremdgene in den entstehenden Embryo ein. Die Fremdgene werden in einzelne Zellen des Embryos aufgenommen. – In einem 3. Verfahren entnimmt man einem etwa 8 Tage alten Embryo Zellen und spritzt ihnen fremde Gene ein. Danach werden die mit Fremdgenen angereicherten embryonalen Zellen in einen anderen werdenden Embryo übertragen. Die gentechnisch behandelten Embryonen müssen in die Gebärmutter einer Ammenkuh übertragen werden. – Alle Organismen, in die Fremdgene eingeschleust werden, heißen **transgene Organismen**.

Die Gentechnik ermöglicht eine Fülle von Methoden, Lebewesen mit den jeweils gewünschten Eigenschaften zu versehen. Der Mensch könnte auf diese Weise Pflanzen und Tiere nach seinen Zielen verändern! So verlockend diese Möglichkeiten aussehen, so sehr ist die Gentechnik jedoch auch mit Risiken verbunden.
Bis heute wissen die Forscher nicht genau, wie sich gentechnisch veränderte Organismen bei der Freisetzung in die natürliche Umwelt auswirken. Können sie möglicherweise andere Organismen verdrängen und damit das biologische Gleichgewicht in einem Lebensraum verändern? Welche Auswirkungen haben z.B. genmanipulierte Nahrungsmittel auf die Gesundheit von Menschen und Tieren?
Es sind aber auch Fragen nach dem Sinn der gentechnischen Manipulation zu stellen. Soll der Mensch als Schöpfer tätig werden? Soll er alles „herstellen", was möglich ist? Solche Wertfragen werden heute heftig diskutiert.

3. a) Nenne mögliche Risiken der Gentechnik!
b) Soll der Mensch alles anwenden, was biotechnisch möglich ist! Nimm dazu Stellung!

Stammesgeschichte der Lebewesen

1 **Präparation eines Fossils** (Schildkröte)

1. Indizien für die stammesgeschichtliche Entwicklung

1.1. Fossilien zeugen vom Leben in vorgeschichtlicher Zeit

„Fossile Sensation: Komplette Blüten aus der Kreidezeit!" – „Fossile Fährten – den Dinosauriern auf der Spur." – „Bisher unbekanntes Säugetier entdeckt." – „Grube Messel – eine Fossilstätte von Weltrang." – So und ähnlich lauten die Überschriften von Berichten in Zeitschriften, die wir an jedem Zeitungskiosk erhalten. Was ist an diesen Veröffentlichungen so ‚sensationell'?

Seit jeher beschäftigen sich die Menschen mit der Frage nach der Entstehung und Entwicklung des Lebens auf der Erde. Aber bis heute ist es den Wissenschaftlern nicht gelungen, einen lückenlosen Nachweis über die Entwicklung der Lebewesen von den Anfängen vor vermutlich 4 bis 6 Milliarden Jahren bis in die Gegenwart zu führen. Alle bisherigen Kenntnisse stützen sich im Wesentlichen auf Reste von Pflanzen und Tieren aus zurückliegenden erdgeschichtlichen Epochen.

Vor allem bei Arbeiten in Steinbrüchen, in Kohle- oder Tongruben, aber auch bei Erdarbeiten im Straßenbau kommt es immer wieder vor, dass man auf Reste früherer Lebewesen oder deren Spuren stößt. Es sind **Fossilien.** Jeder neue Fossilfund, der unser Wissen über das Leben in vorgeschichtlicher Zeit erweitert, ist daher von besonderer Bedeutung. Wenn es sich bei den Funden um Lebewesen handelt, die für einen bestimmten Zeitabschnitt in der Erdgeschichte bedeutsam waren, nennt man sie *Leitfossilien.*

Die Wissenschaft, die sich mit der Erforschung des Lebens in früherer Zeit beschäftigt, ist die **Paläontologie.** Die *Paläontologen* haben daher die Aufgabe, die Geschichte der Lebewesen früherer Epochen zu erforschen. Ihnen verdanken wir auch die Kenntnis darüber, wie sich Pflanzen und Tiere über viele Millionen Jahre bis auf den heutigen Tag erhalten haben.

Wie müssen wir uns die Entstehung von Fossilien vorstellen? Verfolgen wir die *Fossilisation* am Beispiel einer Sumpfschildkröte, die vor rund 50 Millionen Jahren lebte. Das Tier starb und sank auf den Gewässergrund. Haut, Fleisch und andere Weichteile wurden sehr bald von Bakterien zersetzt.

Fundgrube Messel – Ein Schaufenster der Erdgeschichte

Seit vielen Jahren blättern Wissenschaftler in der Grube Messel bei Darmstadt in einem Kapitel Erdgeschichte. Was dabei herauskommt, ist faszinierend! Die geologischen Schichten, in denen gegraben wird, sind etwa 50 Mio. Jahre alt. Bei Grabungen im Jahre 1975 wurden erst 287, im folgenden Jahr schon 3231 und 1977 nicht weniger als 15 278 Funde registriert. Was hat man im Einzelnen gefunden?

Da sind zunächst Blätter, Früchte sowie Pollen, die vom Ufer in das Gewässer gefallen sind, am Grunde des Sees abgelagert und von herangeschwemmten Verwitterungsgestein eingeschlossen wurden. Der See war von einer großen Zahl von Fischen bewohnt, zum Beispiel von Knochenhechten. Die Tatsache, dass diese Süßwasserfische vor rund 50 Mio. Jahren nicht nur in Europa, sondern auch in Nord- und Mittelamerika lebten, deutet darauf hin, dass früher einmal eine Landbrücke von Europa nach Amerika bestanden haben muss. Im Uferbereich lebte eine arten- und individuenreiche Kriechtierfauna. So sind bisher allein 5 Arten von Wasser- und Sumpfschildkröten belegt. Die Weichschildkröten liefern Hinweise auf das Klima vor 50 Mio. Jahren in dem betreffenden Gebiet. Heute lebende verwandte Arten sind in ihrer Verbreitung auf tropische und subtropische Gewässer Asiens, Afrikas und Amerikas beschränkt.

Fledermäuse sind teilweise nicht nur als vollständige Skelette, sondern darüber hinaus im wahrsten Wortsinn mit ‚Haut und Haaren' erhalten geblieben. Urpferde sind gleich in 2 Arten vertreten. Die größere erreichte ausgewachsen eine Länge von etwa einem Meter, während die kleinere nur halb so lang, aber hochbeiniger war. Sogar Reste eines Ameisenbären wurden aus dem Ölschiefer geborgen, der erste Fund außerhalb von Südamerika. Der Mageninhalt enthielt beträchtliche Mengen von Chitinteilen, was auf Insektennahrung schließen lässt.

2 Grube Messel bei Darmstadt; Fundstätte fossiler Pflanzen und Tiere

1. Welche Bedeutung haben Fossilfunde für die Erforschung des Lebens auf der Erde?

3 Abdruck eines Urpferdes aus dem Tertiär vor ca. 30 Millionen Jahren

4 Versteinerung (innerer Abdruck einer Turmschnecke)

Übrig blieben Skelett und Panzer, die zunehmend von Schlamm und herbeigeschwemmtem Sand bedeckt und schließlich luftdicht eingeschlossen wurden. Dadurch konnten sie nicht zerfallen und verwesen. Von Jahr zu Jahr nahmen die Ablagerungen, das *Sediment*, über dem eingeschlossenen Skelett zu. Aus dem Sediment entstand in Jahrmillionen schließlich ein Gestein. Heute liegt dieses Gestein nun zugänglich da.

Im Verlauf dieses langen Zeitraumes lösten sich jedoch die Bestandteile des Skeletts und des Panzers durch Sickerwässer im Gestein auf. An deren Stelle wurden Mineralsalze eingelagert. Auf diese Weise entstand von dem ehemaligen Skelett und dem Panzer der Sumpfschildkröte ein naturgetreuer **Abdruck,** der bis auf den heutigen Tag erhalten blieb.

So wird verständlich, dass von früher lebenden Tieren vor allem die Hartteile wie Knochen, Zähne, Schalen oder Gehäuse überliefert sind. Je feiner die Sedimente sind, in denen Lebewesen oder Teile von ihnen eingeschlossen wurden, desto mehr Einzelheiten lassen sich auf den Abdrücken erkennen.

Wird dagegen ein Hohlraum, zum Beispiel das Gehäuse einer Meeresschnecke, mit Sedimenten ausgefüllt, versteinert der Ausguss später zu einem **Steinkern.** Solche Steinkerne liefern häufig gute Abdrücke von den Schaleninnenseiten, sodass manchmal sogar noch die Ansatzstellen von Muskeln zu erkennen sind. Auf diese Weise gelingt es den Paläontologen, das Aussehen längst ausgestorbener Lebewesen zu rekonstruieren.

Bei der Fossilisation von Pflanzen erfolgt häufig eine **Inkohlung.** Pflanzen versinken zum Beispiel in einem Sumpf. Bei Luftabschluss und unter Druck werden die organischen Reste nach und nach in Kohlenstoff umgewandelt. So sind im Verlauf langer Zeiträume Torf, Braunkohle und Steinkohle entstanden. Daher findet man heute noch in der Kohle Abdrücke von Pflanzenteilen aus vergangenen erdgeschichtlichen Epochen.

Naturwissenschaftliche Sammlungen enthalten häufig Präparate von Pflanzen und Tieren, die in Kunstharz eingebettet sind. Auch in der Natur findet man solche dauerhaften ‚Präparate': die **Einschlüsse** von Lebewesen aus früherer

Stammesgeschichte der Lebewesen

5 A Abdruck eines Farnwedels (Karbon); **B** Einschluss einer Spinne in Bernstein (Tertiär)

Zeit. Wenn sich zum Beispiel Insekten oder Pflanzenteile im Harz von Nadelbäumen verfingen, wurden sie dadurch luftdicht eingeschlossen. Das Harz erhärtete zu *Bernstein* und konservierte die Lebewesen wie in einem ‚gläsernen Sarg'. So besitzen wir heute ein anschauliches Bild von der Kleintierwelt aus einer Zeit, die viele Millionen Jahre zurückreicht.
Besonders sensationell war allerdings die Entdeckung von Mammutkadavern im sibirischen Eis. Diese Tiere lebten vor rund 10 000 Jahren.

In mühevoller Kleinarbeit ist es den Paläontologen gelungen, anhand der Fossilien ein ungefähres Bild von der Entstehung und Entwicklung der Lebewesen auf der Erde zu geben. Wir nennen diese Entwicklung von Pflanzen, Tieren und Menschen im Verlauf der Erdgeschichte **Evolution**.

2. Beschreibe den Vorgang der vermutlichen Fossilisation am Beispiel des Urpferdes (Abb. 3)!

3. Ordne Fossilien (z.B. aus der Schulsammlung) den einzelnen erdgeschichtlichen Epochen zu! Beschreibe einige Fossilien! – Was fällt dir auf?

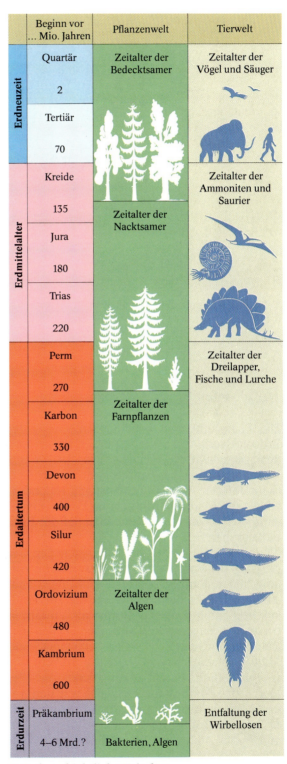

6 Erdgeschichtliche Zeitalter

1 Lebensbild aus dem Kambrium. 1 Algen, 2 Schwämme, 3 Bodenkorallen, 4 Quallen, 5 Armfüßer, 6 Dreilapper (Trilobit), 7 Schwertschwanz, 8 Ringelwurm, 9 Pfeilwurm, 10 Stummelfüßer, 11 Schnecken

1.2. Lebensbilder aus der Erdgeschichte

Die Zeitspanne zwischen der Entstehung der Erde vor vermutlich 4,6 Milliarden Jahren und dem gegenwärtigen Bild der Erde ist für uns kaum vorstellbar. Erst ein Versuch, diesen Zeitraum auf den Ablauf eines einzigen Kalenderjahres zusammenschrumpfen zu lassen, macht deutlich, wie spät sich das Leben auf der Erde entfaltet hat.

Nehmen wir einmal an, der 1. Januar ist der ‚Geburtstag' der Erde. Dann dauert es noch bis Anfang Mai, ehe im Wasser erste einzellige Lebewesen ohne Zellkern auftreten, die zur Fotosynthese fähig sind. Sie werden als Vorfahren der Algen angesehen. Die ersten Zellen mit Zellkern entstehen Anfang September und Mitte September tritt bei den Einzellern die geschlechtliche Fortpflanzung auf.

Durch diese Fortpflanzungsweise war den mikroskopisch kleinen Lebewesen in der *Erdurzeit* eine Anpassung an neue Umweltbedingungen möglich. Vor rund 800 Millionen Jahren – also Ende Oktober – gibt es die ersten mehrzelligen Lebewesen.

Der Beginn des *Erdaltertums* vor etwa 600 Millionen Jahren ist bereits durch eine große Artenvielfalt gekennzeichnet. Wir schreiben auf unserem Jahreskalender den 13. November. Aus diesem Zeitabschnitt, dem **Kambrium,** sind nur Meerespflanzen wie Algen sowie wirbellose Tiere bekannt.

Vor allem asselartige Gliedertiere waren weit verbreitet. Sie lebten im Bodenschlamm der Meere. Die kleinsten dieser Arten erreichten eine Größe von 2–3 Zentimetern, die größten besaßen eine Gesamtlänge bis zu 70 Zentimetern. Allen diesen Tieren gemeinsam war ein dreigeteilter Rückenpanzer, nach dem diese Tiere als *Dreilapper* oder **Trilobiten** bezeichnet werden. *Armfüßer* lebten am Grunde der Gewässer oder gruben sich im Schlamm ein. Sie besaßen flache, zweiklappige Schalen aus Kalk oder Horn. Ihren Namen erhielten sie von den bewimperten Kiemenarmen, mit denen sie das Wasser aufwirbelten und sich Nahrung zustrudelten. Im Flachwasser bildeten schwammähnliche *Korallentiere* Riffe, zwischen denen sich *Kieselschwämme* und *Kalkschwämme* ansiedelten.

Stammesgeschichte der Lebewesen

2 Lebensbild aus dem Karbon. 1 Schuppenbaum, 2 Siegelbaum, 3 Baumfarn, 4 Schachtelhalme, 5 Farnsamer, 6 Riesenlibelle, 7 Skorpion, 8 Tausendfüßer, 9 Landschnecke, 10 Schlangenlurch, 11 Panzerlurch

Die ersten Landpflanzen kennen wir aus der Zeit vor etwa 400 Millionen Jahren. Unser Jahreskalender zeigt den 30. November. Es sind blattlose, verzweigte Fasern mit dickwandigen Zellen, die dem Wassertransport dienen. Vermutlich haben diese Pflanzen einige Zentimeter aufrecht stehen können. Sie bildeten zusammen mit *Moosen* niedrige ‚Wälder', die sich von den Ufern der Meere und Flüsse in das Landesinnere ausbreiteten. In diese Ufervegetation drangen die ersten Landtiere vor: *Tausendfüßer, Skorpione, Milben, Spinnen*.

Es folgten in den sumpfigen Randzonen der Meere blattlose *Nacktfarne* mit gegabelten Sprossen und Sporenbehältern. *Bärlappgewächse* bildeten bereits Wurzeln aus und gelangten auf diese Weise an das Bodenwasser. Neben krautigen Formen gab es auch meterhohe Bärlappbäume. Ihnen folgten *Schachtelhalmgewächse* und kleinwüchsige bis baumgroße *Farne*. Die Pflanzen besaßen bereits verholzte Gefäße, die das Wasser leiteten und den Pflanzen Festigkeit verliehen. Dieses als **Devon** bezeichnete Erdzeitalter ist also durch die Eroberung des Festlandes gekennzeichnet.

In den Meeren lebten erste Wirbeltiere, die urtümlichen *Panzerfische*. Daneben gab es auch erste *Knorpelfische* und *Knochenfische*. *Quastenflosser* konnten sich mit ihren Flossen vom Boden abstützen und dadurch für kurze Zeit außerhalb des Wassers fortbewegen.

Bis zum Zeitalter des **Karbon** – 5. bis 9. Dezember in unserem Kalender – haben sich in den Meeren die *Fische* als vorherrschende Tiere durchgesetzt. Das tropische Klima begünstigte einen üppigen Pflanzenwuchs.

In den Sümpfen entstanden ausgedehnte Wälder aus *Sporenpflanzen*. Zu diesen gehörten bis zu 40 Meter hohe Bärlappgewächse wie *Schuppenbäume* und *Siegelbäume*. Hohe *Baumfarne, Schachtelhalme* und erste *Farnsamer*, Vorläufer der Nadelbäume, bildeten Wälder. Aus diesen größten Wäldern aller Zeiten entstanden die Steinkohlelager auf der ganzen Erde. – Die Sümpfe, Moore und Regenwälder boten geeignete Voraussetzungen für die Entfaltung der *Lurche*. Auch die ersten libellenartigen *Urinsekten* mit Flügelspannweiten bis zu 70 Zentimetern entstanden zu dieser Zeit.

3 Lebensbild aus dem Jura. 1 Ginkgobäume, 2 Palmfarne, 3 Farne, 4 Seelilien, 5 Belemnit, 6 Ammonit, 7 Schmelzschuppenfisch, 8 Fischechse, 9 Maasechse, 10 Paddelechse, 11 Donnerechse, 12 Schlangenhalsechse, 13 Rückenplattensaurier, 14 Flugechse, 15 Urvogel

Die warmen Meere im **Jura** vor rund 180 bis 135 Millionen Jahren waren für die Entfaltung der wasserlebenden Tiere besonders günstig. – Unser Kalender zeigt Mitte Dezember. – In großer Anzahl und in vielen Arten bevölkerten zum Beispiel *Ammoniten* (Ammonshörner) und *Belemniten* (Donnerkeile) die Meere. Die heute lebenden Tintenfische sind mit ihnen verwandt. Auch die Belemniten und Ammoniten waren mit Fangarmen zum Ergreifen der Beutetiere ausgestattet. Den weichen Körper der Ammoniten zum Beispiel schützte ein spiralig gebautes Kalkgehäuse. Durch Luftkammern war dieses so leicht, dass selbst Gehäuse mit einem Durchmesser von über einem halben Meter ohne Schwierigkeit im Wasser transportiert werden konnten. – *Seelilien*, zumeist sesshafte Stachelhäuter, kamen in solchen Mengen vor, dass ihre abgestorbenen kalkhaltigen Körper neben Ammoniten und Belemniten zu Gesteinsbildnern wurden. Seelilien besaßen einen langen, aus einzelnen Plättchen bestehenden Stiel, mit dem sie sich am Meeresboden verankerten. Der Stiel trug einen Kelch mit Fangarmen, die dem Nahrungserwerb dienten.

Im Jura erreichten die *Kriechtiere* des *Erdmittelalters*, die *Saurier*, ihre größte Verbreitung und besiedelten alle Lebensräume. In den Gewässern schwammen verschiedenartige *Meeressaurier*. Für die lungenatmenden *Fischechsen* war die Schwanzflosse wichtiges Fortbewegungsorgan. Die paddelförmigen, kleinen Gliedmaßen dienten lediglich der Steuerung. *Schlangenhalsechsen* aus der Gruppe der Paddelechsen besaßen einen langen Hals, der beim Beutefang vermutlich angelähnlich nach vorn schnellte. – An den Ufern der Flüsse und Meere hielten sich *Donnerechsen* auf, die eine Gesamtlänge von über 25 Metern erreichten. Die Tiere lebten wahrscheinlich von Wasserpflanzen, die sie zusammen mit anhaftenden Tieren abweideten. – Auf dem Lande bewegten sich die *Landsaurier*, die wegen ihrer Furcht erregenden Gestalt *Dinosaurier* („furchtbare Tiere") genannt werden. Ein bekannter Vertreter war der etwa 5 Meter lange *Rückenplattensaurier*. Er lebte von Pflanzen. – Durch die Lüfte segelten *Flugsaurier* mithilfe lederartiger Schwingen. Die größten Arten besaßen Flügelspannweiten bis zu 8 Metern.

Stammesgeschichte der Lebewesen

4 Lebensbild aus dem Tertiär. 1 Sumpfzypressen, 2 Seerosen, 3 Fiederpalmen, 4 Zimtbaum, 5 Tulpenbaum, 6 Schmetterling, 7 Frosch, 8 Alligator, 9 Nashornvogel, 10 Urpferd, 11 Säbelzahntiger, 12 Halbaffe

Am Ende des Erdmittelalters starben die Ammoniten, Belemniten und Saurier aus. Aus dieser Zeit stammt bereits der erste *Urvogel*, von dem aus sich die späteren Vögel entwickelten. Er besaß Kriechtier- und Vogelmerkmale. Die ersten Säugetiere erschienen. Es waren *Beuteltiere*. *Blütenpflanzen* begannen, stammesgeschichtlich ältere Pflanzen zu verdrängen. – Wir befinden uns jetzt in der Erdneuzeit, im **Tertiär**. Dieses Zeitalter erstreckt sich über den Zeitabschnitt von 70 bis 2 Millionen Jahren. Auf unserem Kalender schlagen wir die Tage vom 26. bis 30. Dezember auf. Die fossilen Pflanzenreste lassen auf ein wechselhaftes Klima schließen, das zeitweise tropisch bis suptropisch gewesen sein muss. Deshalb konnte sich ähnlich wie im Karbon ein üppiger Pflanzenwuchs entfalten. Die *Bedecktsamer* übertrafen alle anderen Gefäßpflanzen an Mannigfaltigkeit. Im heutigen Mitteleuropa wuchsen Palmen, Zimtbäume, Feigen, Lorbeersträucher und Tulpenbäume. Daneben gab es schon Eichen, Buchen, Kastanien und Erlen. Aus verlandenden Seen und Bruchwäldern entstanden riesige Braunkohlelager.

Säugetiere breiteten sich über die ganze Erde aus. Von allen heute lebenden Arten gab es im Tertiär bereits die Urformen. Neben sumpfigen Wäldern gab es in weiten Gebieten der Erde auch Grasfluren. Diese förderten die Entwicklung von Grasfressern. Bekanntestes Beispiel sind die *Urpferde*, die vor rund 60 Millionen Jahren erst fuchsgroß waren. Sie nahmen in den folgenden Jahrmillionen an Größe zu. Daneben kamen die ersten *Antilopen* und *Gazellen* zur Entfaltung. Katzenartige Tiere, die an kleine Leoparden erinnern, verhielten sich wie heutige Raubtiere. Die größten Raubtiere am Ende des Tertiärs waren *Säbelzahntiger* mit säbelartig verlängerten oberen Eckzähnen.

Kurz vor Ende unseres Jahreskalenders, am 30. Dezember, erscheint *der älteste vermutete Vorfahre des Menschen*. Er lebte vor rund 15 Millionen Jahren.

Die Vorstellung vom Leben in vergangenen erdgeschichtlichen Epochen verdanken wir vor allem fossilen Funden. Aber jeder neue Fund kann das bisherige Bild von der stammesgeschichtlichen Entwicklung der Lebewesen verändern.

1 Schnabeltier

1. Das Schnabeltier besitzt Merkmale von verschiedenen Tiergruppen. Stelle diese zusammen!

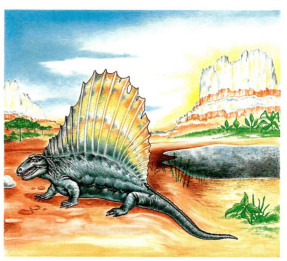

2 Dimetrodon, ein ca. 3,3 m langes Reptil mit Säugetiermerkmalen vor 250 Mio. Jahren; das „Sonnensegel" diente vermutlich zum Regulieren der Körpertemperatur.

1.3. Brückentiere – Hinweise für die Stammesentwicklung der Wirbeltiere

In Australien findet man ein eigenartig aussehendes Tier: das **Schnabeltier.** Es lebt überwiegend im Wasser. Es besitzt sowohl Merkmale eines Reptils als auch solche eines Säugetieres. Den Körper bedeckt ein dichtes Fell. Die Warmblütigkeit ist bei dem Schnabeltier jedoch nur unvollkommen ausgebildet. Die Temperatur liegt bei 30 °C und schwankt erheblich. Mit dem entenartigen Schnabel gründelt das Tier im Schlamm und spürt dort Krebse, Würmer und andere Kleintiere auf. Anstelle von Zähnen besitzt das Schnabeltier hinten im Maul Hornplatten, mit denen es die Beutetiere zermalmt. Wie Schlangen und Eidechsen legt das Tier Eier, die es in einer Höhle ausbrütet. Die Ernährung der Jungen dagegen erfolgt mit einer milchartigen Flüssigkeit. Ähnlich wie der Schweiß bei Säugetieren wird die Flüssigkeit aus besonderen Drüsen am Bauch und an der Brust abgesondert. Besondere Zitzen sind nicht vorhanden. Die Milch sickert in das Fell und wird dort von den Jungen aufgeleckt.

Die Männchen besitzen an den Hinterfüßen einen Fersendorn, in den eine Giftdrüse mündet. Solch ein Giftsporn ist dem Giftzahn einer Schlange vergleichbar. – Wie die Reptilien hat das Schnabeltier auch nur eine hintere Körperöffnung, die *Kloake.* Sie dient der Ausscheidung und ist außerdem auch Geschlechtsöffnung.
Das Schnabeltier nimmt zwischen einem Reptil und einem Säugetier eine *Zwischenstellung* ein. Es bildet also eine Brücke zwischen den Reptilien und den Säugetieren. Man spricht daher auch von einem **Brückentier.**
Lebewesen, die sowohl Reptilienmerkmale als auch Säugetiermerkmale aufweisen, haben vermutlich vor rund 250 Millionen Jahren die Entwicklung zu den Säugetieren eingeleitet. Die Vorfahren der Säugetiere sind vermutlich aus Reptilien entstanden, die Säugetiermerkmale aufweisen. **Dimetrodon,** ein segelrückiges Reptil, zählt zu diesen Vorfahren. Von einer bestimmten Entwicklungsstufe an gehörte z.B. statt eines ‚Sonnensegels' auch ein Haarkleid zur Wärmeregulierung. – Alle frühen Säugetiere waren meist kleine Tiere.

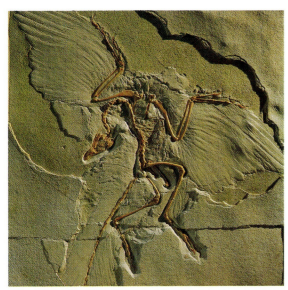

3 Urvogel (Archaeopteryx) von Eichstätt aus dem Jura; ein Abdruck

Im Jahre 1877 wurde aus Gesteinsschichten des Jurakalkes bei Eichstätt in Bayern das erste vollständig erhaltene Skelett eines etwa elstergroßen Tieres freigelegt, das die Forscher in größtes Erstaunen versetzte. Das Tier wies neben vogelähnlichen Merkmalen auch solche auf, die für Kriechtiere kennzeichnend sind. Das Fossil hat einen langen Reptilienschwanz und einen Vogelschädel mit großen Augen. Der Kiefer trägt kegelförmige Zähne. Flügel und Federn weisen das Tier ebenso als Vogel aus wie die Beine und Füße mit jeweils einer nach hinten gerichteten Zehe. Es hat im Schultergürtel Rabenschnabelbeine als Stütze der Flugmuskulatur. Die Wirbel dagegen sind nicht verwachsen wie bei Vögeln, und die Rippen haben keine Versteifungsfortsätze. Es gilt daher als gesichert, dass dieses Tier von einem Reptil abstammen muss. Aufgrund der Vogelmerkmale nannte man es **Urvogel** oder **Archaeopteryx**. Es handelt sich um ein *Brückentier*, das Merkmale von zwei Tiergruppen erkennen lässt.

2. Stelle in einer Tabelle Vogel- und Reptilienmerkmale des Urvogels zusammen!

Ein „lebendes Fossil"

4 Der Quastenflosser Latimeria

Der sensationellste Fischfang dieses Jahrhunderts wurde 1938 im Indischen Ozean in der Nähe der Komoren gemacht. Im Netz eines Fischkutters wurde ein 1,5 m langer und 58 kg schwerer Fisch von plumper Körperform geborgen. Aufsehen erregten die stielförmigen und am Ende ausgefransten paarigen Brustflossen. Die Fischer hatten ein solches Tier noch nie gesehen. Sie brachten den Fisch in die Hafenstadt East London an der Ostküste Südafrikas. Frau Latimer, eine Angestellte des Naturwissenschaftlichen Museums, präparierte den unbekannten Fisch bis zum Eintreffen des berühmten Fischkenners Professor Smith. Dieser erkannte, dass es sich um ein ‚lebendes Fossil' handelte, und nannte den Fisch *Latimeria*. Latimeria gehört zu der Gruppe der **Quastenflosser,** von der man bis dahin annahm, sie sei seit Jahrmillionen ausgestorben. In 400 Millionen Jahre alten Gesteinsschichten findet man Reste von Quastenflossern. Ihre Flossen weisen ein Gliedmaßenskelett auf, das dem der Lurche ähnlich ist. Mithilfe dieser Flossen konnten die Quastenflosser austrocknende Tümpel verlassen und sich an Land auf die Suche nach einem neuen Gewässer begeben.

Der Fang von 1938 blieb nicht der einzige. Bis heute wurden mehr als ein Dutzend dieser Fische gefangen und sogar unter Wasser in ihrem Lebensraum gefilmt.

3. Der Quastenflosser ist ein lebendes ‚Fossil' und Brückentier zugleich. Begründe das!

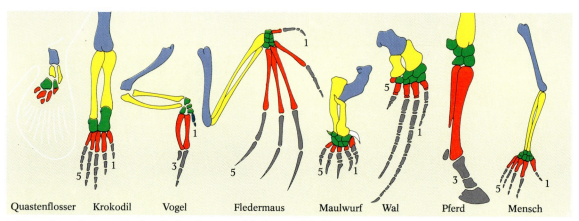

1 Homologe Organe. Vordergliedmaßen verschiedener Wirbeltiere (1 Daumen; 3 Mittelfinger; 5 kleiner Finger)

1. Vergleiche die Gliedmaßen der Wirbeltiere aus Abbildung 1! Erstelle eine Tabelle nach folgendem Muster: Wirbeltier, Oberarmknochen, Unterarmknochen, Handwurzelknochen, Finger; Aufgabe der Gliedmaßen!

2. Die Gliedmaßen der Insekten sind homologe Organe. Vergleiche Bau und Funktion einiger Insektengliedmaßen, z.B. Sammelbein (Honigbiene), Sprungbein (Heuschrecke), Schwimmbein (Gelbrandkäfer)!

1.4. Wie lassen sich Übereinstimmungen im Körperbau erklären?

Wenn du bei Verwandten auffällige Ähnlichkeiten bemerkst, bist du nicht überrascht. Diese Menschen haben gemeinsame Vorfahren, deren Eigenschaften und körperliche Merkmale auf die Nachkommen vererbt wurden. Nicht so leicht fällt dir die Entscheidung bei so verschiedenartigen Tieren wie Mäusebussard, Pferd und Maulwurf. Trotz ihres unterschiedlichen Aussehens gibt es auffallende Übereinstimmungen im Körperbau. Die *Flügel* des Bussards, das *Laufbein* des Pferdes und das *Grabbein* des Maulwurfs sind zwar verschieden gestaltet und erfüllen auch verschiedene Aufgaben. Dennoch setzen sich diese Gliedmaßen alle aus Oberarmknochen, Unterarm mit Elle und Speiche, Handwurzel-, Mittelhand- und Fingerknochen zusammen. Ihnen liegt also ein gleicher Grundbauplan zugrunde. Organe, die trotz unterschiedlicher Funktion Übereinstimmungen im Grundbauplan aufweisen, bezeichnet man als **homologe Organe**. Sie weisen auf die stammesgeschichtliche Verwandtschaft hin.

Ähnliche Homologien kommen zum Beispiel auch bei Insekten vor. Das *Sprungbein* einer Heuschrecke und das *Grabbein* einer Maulwurfsgrille sehen zwar auf den ersten Blick verschieden aus, sie lassen sich aber auf den Grundbauplan eines Insektenbeines zurückführen. Selbst so verschiedene Mundwerkzeuge wie die stechend-saugenden einer Stechmücke und die beißend-raspelnden eines Maikäfers sind homolog. Lebewesen mit homologen Organen lassen auf gemeinsame Vorfahren schließen, die vor vielen Millionen Jahren lebten.

Gleiches Aussehen bedeutet jedoch noch keinen Hinweis auf die stammesgeschichtliche Verwandtschaft. So sehen sich z.B. die Gliedmaßen von Maulwurf und Maulwurfsgrille ähnlich. Der Maulwurf ist ein Wirbeltier, die Maulwurfsgrille gehört zu den Insekten. Beide Lebewesen graben unterirdische Gänge, in denen sie nach Larven und Würmern suchen. Die gleichartige Lebensweise der beiden nicht miteinander verwandten Tiere sowie die Funktion ihrer Vordergliedmaßen haben zu einer ähnlichen Ausbildung der Vordergliedmaßen geführt:

Stammesgeschichte der Lebewesen

2 Analogie der Vordergliedmaßen. A Maulwurf; B Maulwurfsgrille

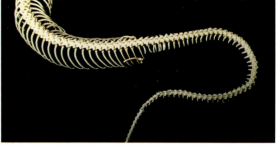

3 Rudimentäre Beine (Pythonschlange)

Beide besitzen Grabbeine. Beide Organe beruhen auf grundsätzlich anderen Baumerkmalen. Der Maulwurf besitzt ein Knochenskelett, die Maulwurfsgrille ein Außenskelett aus Chitin. Nicht homologe Organe mit gleicher Aufgabe nennt man **analoge Organe.** Sie können ähnliches Aussehen haben, sie geben aber keinen Hinweis auf eine stammesgeschichtliche Verwandtschaft.

Bei einer Reihe von Lebewesen sind einzelne Organe so weit zurückgebildet, dass sie keine erkennbare Funktion mehr erfüllen. Bei der Pythonschlange zum Beispiel zeigt das Skelett noch ein Becken mit Resten von Hinterbeinen. Solche zurückgebildeten und funktionslos gewordenen Körperteile bezeichnet man als *Rudimente* oder **rudimentäre Organe.** Sie geben uns Hinweise auf die stammesgeschichtliche Herkunft und Entwicklung dieser Lebewesen. Rudimentäre Gliedmaßen bei einigen Schlangen deuten darauf hin, dass ihre Vorfahren voll ausgebildete Gliedmaßen hatten. Beim Übergang von der laufenden zur schlängelnden Fortbewegung wurden sie überflüssig. Schlangen stammen also von vierbeinigen Kriechtieren ab.

Homologie von Blättern

4 Blattformen

3. Die abgebildeten Blätter sind homolog. Sie lassen sich also auf die gleiche Grundform eines Blattes aus Blattstiel und Blattfläche zurückführen. Erkläre, welche Aufgabe die Blattformen jeweils haben!

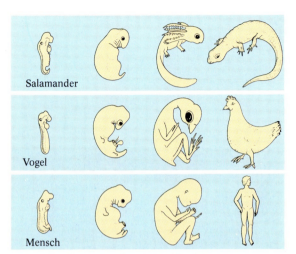

1 Entwicklungsstadien bei Wirbeltieren

1. Weise anhand der Abbildung 1 Übereinstimmungen in der Keimesentwicklung der Wirbeltiere nach!

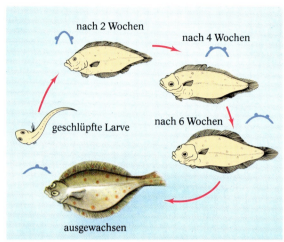

2 Entwicklung einer Scholle

2. Beschreibe anhand der Abbildung 2, wie sich die Scholle im Laufe ihrer Entwicklung von der Larve zum ausgewachsenen Tier verändert!

1.5. Umwege in der Keimes- und Larvenentwicklung

Wenn wir uns die frühen Entwicklungsstadien von einem Fisch, von einem Salamander, einem Vogel und einem Menschen ansehen, stellen wir äußerlich kaum Unterschiede fest. So besitzt auch der Mensch wie alle anderen Wirbeltiere zu Beginn seiner Embryonalentwicklung eine *Wirbeltiergrundgestalt*.

Bei den inneren Organen gibt es zeitweise ebenfalls Ähnlichkeiten. In der frühen Phase der Keimesentwicklung bildet sich zum Beispiel ein knorpeliger Rückenstab, aus dem eine knöcherne *Wirbelsäule* hervorgeht. Alle Wirbeltierembryonen besitzen zunächst Anlagen für *Kiemen*. Bei den Fischen entstehen aus den Kiemenanlagen die Kiemen, bei den übrigen Wirbeltieren andere Organe, zum Beispiel das Zungenbein. Das *Herz* wird bei allen Wirbeltierembryonen zweikammerig wie bei Fischen angelegt. Es differenziert sich dann zu einem Herzen, das für das Kreislaufsystem der jeweiligen Tierart kennzeichnend ist.

Während der Embryonalentwicklung entstehen häufig bestimmte Körperstrukturen oder Organanlagen, die im weiteren Verlauf der Entwicklung wieder verloren gehen oder in andere Organe umgewandelt werden Dazu gehören zum Beispiel das embryonale Haarkleid beim Menschen, das vor der Geburt wieder abgestoßen wird, der Eizahn der Embryonen vom Schnabeltier oder die Zähne im Kiefer der Embryonen von Bartenwalen.

Auch die *Larvenentwicklung* verschiedener Tierarten zeigt Abschnitte, in denen die Lebewesen anderen, einfacher gebauten Tieren ähneln. Die Kaulquappen vom *Frosch* oder die Engerlinge vom *Maikäfer* sind hierfür anschauliche Beispiele. Bei manchen Tieren, wie bei der *Scholle*, weicht das Aussehen der Larve von dem des erwachsenen Tieres ab.

Der Zoologe HAECKEL ging von der Annahme aus, dass die einfacher gebauten Lebewesen auch stammesgeschichtlich älter sind. Er fasste seine Beobachtungen im Jahre 1866 in der **biogenetischen Grundregel** zusammen: Ein Tier durchläuft während seiner Keimesentwicklung wesentliche Stadien seiner Stammesgeschichte.

1 So kann es in der Erdurzeit ausgesehen haben

2. Theorien zur stammesgeschichtlichen Entwicklung

2.1. Wie kann das Leben entstanden sein?

Keiner kann heute behaupten, das Problem des Ursprungs des Lebens auf unserem Planeten sei gelöst. Wir wissen wenig darüber, wie das Leben auf der Erde entstanden ist. Für unsere Erde nimmt man ein Alter von etwa 6 Mrd. Jahren an. Die ältesten Spuren von Lebewesen wie Bakterien und Blaualgen stammen aus Gesteinsschichten, die etwa 3,8 Mrd. Jahre alt sind. Was geschah in der Zwischenzeit?

Die meisten Forscher nehmen an, dass die Erde zuerst ein glutflüssiger Himmelskörper war, der sich allmählich abkühlte. Noch vor 4,5 Mrd. Jahren umgaben Wolken von Wasserdampf unseren Planeten. Vulkane spien Wasserdampf, Asche und Lava aus. Die Uratmosphäre bestand aus einem Gemisch der Gase Stickstoff, Wasserstoff, Kohlenstoffmonoxid, Ammoniak und Methan. Sauerstoff war so gut wie nicht vorhanden. Blitze entluden sich und schlugen auf der Erde ein. Der Wasserdampf der Wolken kondensierte. Regen gelangte auf die Erde. In heißen Wassertümpeln reicherten sich gelöste Stoffe zu einer *Ursuppe* an.

Im Jahre 1953 gelang es dem amerikanischen Chemiker MILLER, die vermutlichen Vorgänge der *Urzeugung* in einem Experiment nachzuweisen. In einem Glaskolben mit nachgeahmter Uratmosphäre erzeugte er elektrische Entladungen. Als er nach Stunden Wasserproben aus dem Kolben untersuchte, machte er eine sensationelle Entdeckung. Im Wasser waren organische Stoffe entstanden: **Aminosäuren.** Diese sind die Bausteine der Eiweiße, die in allen Lebewesen vorkommen. Damit war der Nachweis erbracht, dass sich aus unbelebter Materie unter bestimmten Bedingungen Moleküle bilden, die als Vorstufe lebendiger Materie angesehen werden können.

Aufgrund dieser Versuche nimmt man an, dass sich vor etwa 4,5 Mrd. Jahren aus verschiedenen Gasen der Uratmosphäre die ersten einfachen organischen Verbindungen gebildet haben. Diesen Vorgang bezeichnen wir als **chemische Evolution.** Wie aus den organischen Molekülen die ersten Einzeller entstanden, ist bisher ungeklärt. Auf jeden Fall stehen Lebewesen wie Bakterien und Blaualgen am Anfang der **biologischen Evolution.**

1 Giraffen sind an das Leben in der Savanne angepasst

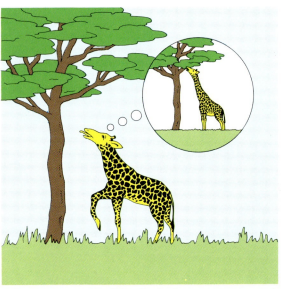

2 Entstehung des Giraffenhalses, wie sie sich LAMARCK vorstellte

2.2. Evolutionstheorien im Streit der Meinungen

Theologen, Philosophen und Naturwissenschaftler der Vergangenheit glaubten, die Erde mit ihren Lebewesen sei durch einen *Schöpfungsakt* entstanden, wie es im biblischen *Schöpfungsbericht* steht: „Und Gott machte die Tiere auf Erden, ein jegliches nach seiner Art, und das Vieh nach seiner Art, und allerlei Gewürm auf Erden nach seiner Art". Diese Überzeugung hielt sich unwidersprochen bis in die Mitte des 19. Jahrhunderts. Auch heute gibt es Menschen, die dieser Auffassung nahe stehen. Sie leugnen nicht, dass die Artenvielfalt das Ergebnis einer stammesgeschichtlichen Entwicklung ist. Sie glauben aber, dass Gott das Leben geschaffen und dabei dessen Weiterentwicklung auf der Erde vorherbestimmt hat. Diese Betrachtungsweise beruht auf der Theorie von der **Konstanz der Arten**.

Anhänger dieser Theorie sind also der Auffassung, dass sich die Arten seit dem Beginn des Lebens auf der Erde nicht verändert haben. Auch der schwedische Naturforscher LINNÉ (1707–1778) glaubte daran. LINNÉ kannte bereits 8500 Pflanzenarten und 4200 Tierarten, die er nach verwandtschaftlichen Merkmalen zu einem übersichtlichen Pflanzen- und Tiersystem zusammenfasste. Die Kenntnis von der Verwandtschaft der Arten bildete die Grundlage für die weitere Evolutionsforschung. Der Franzose LAMARCK (1744–1829) dagegen vertrat 1809 die Ansicht, dass sich die Pflanzen und Tiere im Laufe ihrer langen Entwicklungsgeschichte verändert haben. Nach seiner Auffassung passen sich die Lebewesen den wechselnden Lebensbedingungen an und vererben die erworbene Anpassung an die Nachkommen. So haben nach LAMARCK die Giraffen deshalb einen langen Hals, weil ihre Vorfahren die Hälse strecken mussten, um an die Blätter der Bäume zu gelangen. Das Strecken und das „Bedürfnis", an die Nahrung zu kommen, bewirkten die Verlängerung des Halses. Die erworbenen Eigenschaften wurden an die Nachkommen weitergegeben. Diese Theorie der *Vererbung erworbener Eigenschaften* wird **Lamarckismus** genannt. Sie wurde in der Folgezeit durch viele Beispiele widerlegt.

Stammesgeschichte der Lebewesen

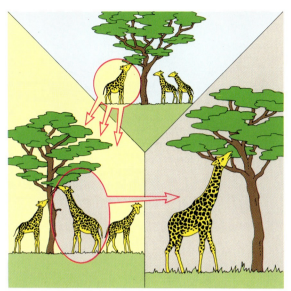

3 Entstehung des Giraffenhalses, wie sie sich DARWIN vorstellte

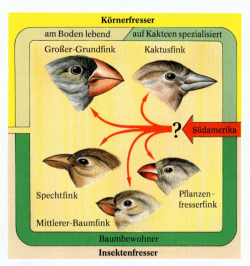

4 Darwinfinken

Die heute allgemein anerkannte *Abstammungslehre* geht auf den Engländer CHARLES DARWIN (1809–1882) zurück. In seiner 1859 erschienenen Veröffentlichung „*Über die Entstehung der Arten durch natürliche Zuchtwahl*" stellte er die Theorie auf: Jede Art erzeugt mehr Nachkommen, als zu ihrer Erhaltung notwendig sind. Im *Kampf ums Dasein* überleben nur die Erfolgreichsten, das heißt diejenigen, die den jeweiligen Lebensbedingungen am besten angepasst sind. Außerdem sind die Nachkommen nicht immer völlig gleich, sondern sie weisen kaum merkliche Unterschiede in ihren Eigenschaften aus. Die Unterschiede können für den Träger von Vor- oder Nachteilen in der Auseinandersetzung mit der Umwelt sein. Durch diese *natürliche Auslese* verändern sich Arten im Laufe von Generationen. Diese Theorie heißt **Darwinismus.** Für die Giraffen bedeutet das nach DARWIN: Giraffen mit nachteiligen Eigenschaften wie kürzeren Hälsen haben eine geringe Chance zu überleben und sich zu vermehren. Die Giraffen mit längeren Hälsen dagegen siegen im „Kampf ums Dasein" und vererben ihre Eigenschaften an die Nachkommen.

DARWIN betrat 1835 erstmals die vulkanischen Galapagos-Inseln rund 1000 km vor der Westküste Südamerikas. Dort fielen ihm neben den unterschiedlichen Pflanzen auf den einzelnen Inseln die artenarme und zum Teil urtümlich anmutende Tierwelt auf. Er entdeckte unter anderem 13 *Finkenarten*, die bis auf die Schnabelformen einander ähnlich sahen. Sie zeigten auch ähnliches Verhalten.

DARWIN vermutete: Zunächst gab es auf den Vulkaninseln keine Vögel. Als vor langer Zeit zufällig Körner fressende Finken vom Festland auf die Insel gelangten, fanden sie ein üppiges Nahrungsangebot vor und vermehrten sich rasch. Bald trat Nahrungsmangel auf. Finken, die sich auf Insekten umstellen konnten, waren nun im Vorteil.
Im Verlauf von Jahrmillionen entwickelten sich so aus der „Urform" die heute dort vorkommenden Samen, Früchte und Insekten fressenden Nahrungsspezialisten. Im *Kampf ums Dasein* überlebten die am besten angepassten Vögel und gaben ihre Eigenschaften an die Nachkommen weiter.

1. Erläutere am Beispiel der Darwin-Finken, wie es vermutlich zur Ausbildung der verschiedenen Arten gekommen ist!

1 **Birkenspanner** (2 Rassen)

*1. Beurteile folgende Versuche:
a) Raupen des hellen Birkenspanners werden mit rußigen Blättern gefüttert. Die Nachkommen bleiben hell. – b) Markierte dunkle und helle Birkenspanner wurden im Verhältnis 3:1 in einem verrußten Wald ausgesetzt. Ergebnis des Wiederfangs nach Tagen: dunkle und helle Falter kamen im Verhältnis von 6:1 vor.*

2. Erkläre das Wirken von Selektion und Isolation am Beispiel der Darwinfinken! Lies dazu den Text des Exkurses auf Seite 85!

2.3. Wie kann es zur Bildung neuer Arten kommen?

Gewöhnlich kann man die Entstehung einer neuen Tierart oder Pflanzenart nicht beobachten. Sie vollzieht sich in langen Zeiträumen. Es sind aber Beobachtungen möglich, die in überschaubaren Zeiträumen Hinweise auf Vorgänge einer Artbildung geben können. Ein bekanntes Beispiel ist der *Birkenspanner*, ein Nachtfalter. Am Tage ruht er mit ausgebreiteten Flügeln an Baumstämmen und Ästen, die mit grauen Flechten überzogen sind. Die schmutziggraue Färbung der Flügel macht den Falter auf diese Weise für seine Fressfeinde fast unsichtbar. Dieses gilt für einen Lebensraum, in dem infolge sauberer Luft Flechten gedeihen können.

In Industriegebieten mit starker Luftverschmutzung sterben die Flechten jedoch ab. Gleichzeitig ist ein Rückgang der normalen grauweißen Falter festzustellen. An deren Stelle treten dunkel bis schwarz gefärbte Birkenspanner. Wie ist diese Erscheinung zu erklären? Durch **Mutation** hat es neben der Normalform schon immer dunkle *Rassen* gegeben. Auf dem hellen Untergrund der Ruheplätze sind sie jedoch von Vögeln sofort entdeckt und gefressen worden. Das mutierte Gen ‚dunkle Färbung' konnte sich also nicht durchsetzen. Als aber in bestimmten Industriegebieten die Flechten abstarben, waren die mutierten dunklen Falter auf den dunklen Ruheplätzen gegenüber den normal grauweißen Faltern im Vorteil. Die Vögel entdeckten zuerst die auffälligen grauweißen Falter.

Von der Vielzahl der Nachkommen einer Art überleben also nur diejenigen, die ihrem Lebensraum am besten angepasst sind. Sie vererben die Anlage, die ihnen einen Vorteil gebracht hat. Diesen Vorgang der Auslese von Merkmalen durch die Umwelt bezeichnet man als **Selektion.** – Ein weiteres Beispiel solcher Selektion ist die Bildung widerstandsfähiger *Krankheitserreger* unter dem Einfluss moderner Arzneimittel. Lange Zeit wirkte zum Beispiel *Penicillin* auf fast alle Bakterien. Es gab aber einige Mutanten, die gegen Penicillin widerstandsfähig waren. Diese *resistenten Formen* nehmen nun den Platz der bisherigen penicillinempfindlichen Bakterien ein. Gegen diese müssen neue Arzneimittel entwickelt werden.

Stammesgeschichte der Lebewesen

2 Grünspecht (A) und Grauspecht (B)

3 Verbreitung von Grünspecht und Grauspecht

Mit *Mutation* und *Selektion* allein lässt sich jedoch die Entstehung neuer Arten noch nicht erklären. Am Beispiel von *Grünspecht* und *Grauspecht* erhalten wir einen Einblick in heutige Vorstellungen über die Entstehung einer Art.

Der Grünspecht und der Grauspecht kommen bei uns vorwiegend in lockeren Mischwäldern, Parkanlagen und Obstanbaugebieten vor. Beide Arten sehen sich zum Verwechseln ähnlich. Als typischer Erdspecht sucht sich der Grünspecht seine Nahrung am Boden. Besonders auf Ameisen hat er sich spezialisiert. Man hat ihn häufig beobachtet, wie er in Ameisenhaufen stochert. Grauspechte dagegen sind nicht so spezialisiert wie Grünspechte. Sie nehmen auch andere Insekten von Bäumen zu sich und stellen sich in der kalten Jahreszeit auf Sämereien um.

Obwohl beide Spechte sich in Aussehen und Verhalten ähneln, handelt es sich um zwei verschiedene Spechtarten. Bei einer Frankreich- oder Spanienreise werden wir vergeblich nach dem Grauspecht suchen. Dagegen treffen wir dort den Grünspecht an. Umgekehrt würde es uns bei einer Reise nach Zentralrussland ergehen. Dort kommt nur der Grauspecht vor. Wie lässt sich das Vorkommen der beiden Arten erklären?

Grauspecht und Grünspecht haben gemeinsame Vorfahren. Diese wurden zu Beginn der Eiszeit durch das Vorrücken der Eismassen von Norden in Europa teils nach Osten, teils nach Westen verdrängt. Aus der Stammform entwickelten sich in den unterschiedlichen Lebensräumen im Laufe zehntausender Jahre voneinander getrennte Spechtpopulationen: im Osten die Grauspechte, im Westen die Grünspechte. Nach der Eiszeit drangen die beiden Populationen wieder nach Mitteleuropa vor. Obwohl genetisch miteinander verwandt, paaren sie sich nicht mehr untereinander. Sie verhalten sich wie zwei **Arten**.

Wir erkennen daraus: Durch für sie unüberwindbare Barrieren wie Gebirge, Meere, Eismassen und Wüsten können genetisch verwandte Tiergruppen voneinander isoliert werden. Solche geographische **Isolation** ist eine weitere Ursache der stammesgeschichtlichen Entwicklung der Lebewesen und Voraussetzung für die Bildung neuer Arten.

Übung: Evolution

A 1. Zusammenspiel von Evolutionsfaktoren

In der unten stehenden Abbildung sind verschiedene Generationen von Kaninchen dargestellt. Wir stellen sie uns in einer Savannenlandschaft vor. Der Boden ist hell gefärbt und durch Gesteinsformen unregelmäßig strukturiert. Auch in der Pflanzenwelt überwiegen helle Farben.

a) In diesen Lebensraum wandern dunkel gefärbte Kaninchen ein. Was wird vermutlich geschehen? Woher könnte das hell gefärbte Kaninchen stammen (Teilbild A)? Hinweis: Ein Kaninchen steht stellvertretend für viele Kaninchen!

b) Das Teilbild B stellt die Population nach vielen Generationen dar. Erläutere, was mit der Kaninchenpopulation geschehen ist! (Die Gesamtheit der Kaninchen in einem bestimmten Lebensraum bezeichnet man als Population.)

c) Nach vielen Generationen wird der Lebensraum durch einen breiten Fluss in zwei Teile zerschnitten. Die Kaninchen können diese „geographische Schranke" nicht überwinden. Erläutere, was in den „Kaninchenvölkern" C und D geschieht!

d) Erläutere die Entwicklung der Kaninchenpopulationen mit den Begriffen Mutation, Selektion und Isolation!

A 2. Nebelkrähe und Rabenkrähe – zwei Arten oder zwei Rassen?

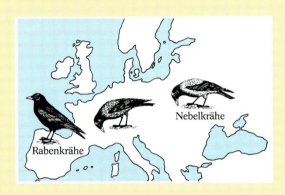

a) Informiere dich über das Vorkommen von Rabenkrähe und Nebelkrähe! Berichte über das Verbreitungsgebiet!

b) Im Überschneidungsbereich der Verbreitungsgebiete von Rabenkrähe und Nebelkrähe gibt es eine dritte Form. Was fällt dir auf?

c) Rabenkrähe und Nebelkrähe sind vor der Eiszeit aus einer gemeinsamen Stammform hervorgegangen. Stelle Vermutungen über das Vorkommen der abgebildeten Krähen an!

d) Rabenkrähe und Nebelkrähe: zwei Arten oder zwei Rassen? Begründe!

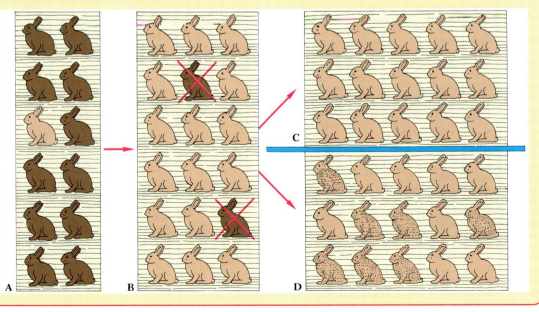

Stammesgeschichte der Lebewesen

1 Zeitgenössische Karikatur DARWINs (1871)

2 Jane van LAWICK-GOODALL mit Schimpansen

3. Stammesgeschichte des Menschen

3.1. Woher kommt der Mensch?

Mit dieser Frage beschäftigen sich die Menschen seit jeher. Nur wenige Veröffentlichungen haben die Menschen so irritiert wie seinerzeit Charles DARWINs Buch „Über die Entstehung der Arten…" (1859). Obwohl sich DARWIN in seiner Veröffentlichung nicht näher über die Herkunft des Menschen äußerte, wurde der Öffentlichkeit deutlich: Nach DARWINs Theorie stammt der Mensch von einem Vorfahren ab, der einem Menschenaffen ähnlich gewesen ist. Diese für die damalige Zeit revolutionäre Vorstellung, der Mensch könne mit den Menschenaffen verwandt sein, war daher ein willkommenes Thema für Karikaturen in Zeitungen und Zeitschriften.

DARWIN hatte nicht Unrecht. Seine These ist in der nachfolgenden Zeit bis in die Gegenwart hinein durch viele Fossilien aus den verschiedenen erdgeschichtlichen Epochen belegt worden. Wenn Mensch und Menschenaffen wie Schimpanse, Gorilla und Orang-Utan eine gemeinsame stammesgeschichtliche Wurzel haben, dann muss es zwischen ihnen Gemeinsamkeiten im Körperbau und im Verhalten geben. Wir wollen daraufhin einmal Mensch und Menschenaffen miteinander vergleichen.

Das **Verhalten** der Menschenaffen ist in der Vergangenheit nicht nur in Zoologischen Gärten, sondern vor allem auch in freier Natur wissenschaftlich untersucht worden. Forscherinnen und Forscher haben über Monate und Jahre hinweg zum Beispiel mit wilden Schimpansen zusammengelebt und ihr Verhalten studiert. Dabei zeigte sich, dass Schimpansen ähnlich wie die Menschen in Gruppen zusammenleben. Es gibt innerhalb der Gruppen feste Rangordnungen. Sie verteidigen ihr Wohngebiet gemeinsam und handeln oft so, dass wir von einem einsichtigen Handeln sprechen können. Sie zeigen Zuneigung und Abneigung und sie verständigen sich durch Gesten und Mimik.

Auch kennen wir von den Menschenaffen Werkzeugherstellung und Werkzeuggebrauch, zum Beispiel das Termitenfischen mit einem zurechtgebissenen Stock oder den Gebrauch von Steinwerkzeugen zum Öffnen hartschaliger Früchte. Eine Sprache, wie sie dem Menschen eigen ist, beherrschen sie dagegen nicht.

3 **Mimik bei Schimpansen** (lachend)

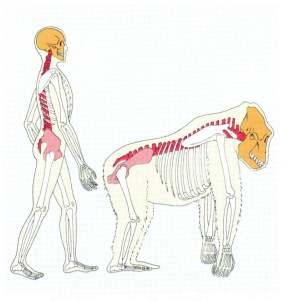

4 **Mensch und Menschenaffe** (Gorilla)

Auch im *Körper-* und *Skelettbau* fallen Übereinstimmungen bei Mensch und Menschenaffen auf. Alle Affen haben **Hände,** die denen des Menschen ähneln. Das Handgelenk ist nach allen Seiten hin beweglich. Es besteht aus 8 Handwurzelknochen. Affen können die Daumen den übrigen Fingern gegenüberstellen und dadurch Gegenstände ergreifen und umgreifen. Allerdings ist nur der Mensch in der Lage, den Daumen den übrigen 4 Fingern vollständig gegenüberzustellen, das heißt, mit der Daumenkuppe die Unterseite aller übrigen Finger zu berühren. Dadurch ist der Mensch in der Lage, Werkzeuge viel präziser zu handhaben, als es der Affe mit seiner plumpen Hand kann. Die Fingerspitzen von Mensch und Menschenaffen enthalten zahlreiche Nervenenden und sind daher besonders tastempfindlich. Alle Finger haben flache Nägel. Auch die tastempfindlichen Hautleisten der Menschenaffen und des Menschen zeigen im Muster Übereinstimmungen. In Anpassung an das Baumleben hat sich die Hand der Affen zu einer *Greifhand* entwickelt, bei der alle 5 Finger um einen Ast gelegt werden.

In den letzten Jahrzehnten hat die *Biochemie* weitere wichtige Ergebnisse zur Verwandtschaft der Lebewesen geliefert. Jedes Lebewesen besitzt arteigene Eiweiße. Der Grad der Übereinstimmung von **Körpereiweißen** verschiedener Lebewesen gibt daher Aufschluss darüber, wie eng sie miteinander verwandt sind. Das Blutserum des Schimpansen zum Beispiel unterscheidet sich nur geringfügig vom menschlichen Serum. Vergleichende Eiweißuntersuchungen ergaben einen zu 99% übereinstimmenden Aufbau der Eiweißmoleküle. Diese Übereinstimmung gilt auch für die **Chromosomen,** deren DNA Träger von Erbinformationen ist. Zwar haben Schimpanse, Gorilla und Orang-Utan ein Chromosomenpaar mehr ($2n = 48$) als der Mensch ($2n = 46$), aber die Grob- und Feinstruktur der übrigen Chromosomen stimmen deutlich überein.

Sind die Menschenaffen also nahe Verwandte des Menschen? Den bisher beispielhaft genannten Übereinstimmungen stehen deutliche Unterschiede gegenüber. Der Mensch ist zu *dauernd aufrechtem Gang* befähigt. Dabei liegt der Schwerpunkt des Körpers über den Beinen.

Stammesgeschichte der Lebewesen

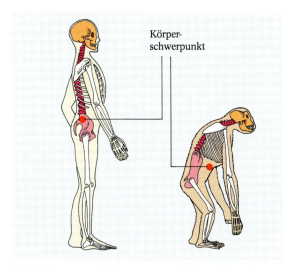

5 Skelette von Schimpanse und Mensch

1. Beschreibe die Unterschiede in der Haltung und im Bau der Skelette bei Affe und Mensch!

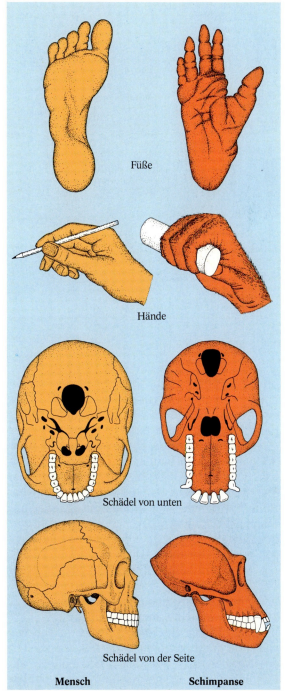

6 Mensch und Schimpanse – ein Vergleich

Bei dieser Haltung sind Hüftgelenke und Kniegelenke gestreckt. Schimpansen dagegen können sich nur zeitweise aufrichten und auf zwei Beinen laufen. Dabei wird der Schwerpunkt des Körpers, der sonst zwischen Armen und Beinen in der Bauchgegend liegt, nach hinten verlagert. Sie sind nicht fähig, ihre Hüft- und Kniegelenke zu strecken. Die Affen müssen erhebliche Muskelarbeit leisten, um sich im Gleichgewicht zu halten. Auch die **Beckenformen** von Menschenaffen und Mensch unterscheiden sich. Das Becken des Menschen ist breiter und kürzer als das eines Schimpansen. Beim aufrechten Gang werden die inneren Organe von dem schüsselförmigen Becken getragen. Die breiten Darmbeinschaufeln bilden eine große Ansatzfläche für die Bauchmuskulatur sowie für die Gesäß- und Oberschenkelmuskulatur, die für das Gleichgewicht beim aufrechten Gang sorgen. Menschenaffen haben ein schmales, langes Becken. Die Eingeweide werden im Wesentlichen von der Bauchmuskulatur getragen. Menschen besitzen eine *zweimal-S-förmig gebogene* **Wirbelsäule**. Dieser zentrale Achsenstab im Körper des Menschen fängt alle Stöße

2. Stelle Gemeinsamkeiten von Mensch und Schimpanse in einer Tabelle zusammen!

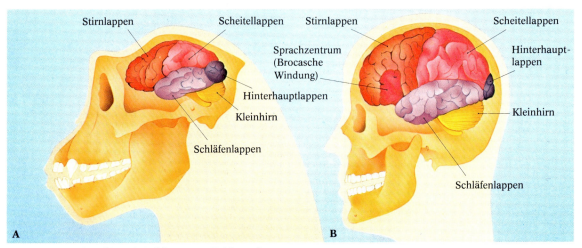

7 Schädel und Gehirn. A Schimpanse; B Mensch

3. Stelle in einer Tabelle voneinander abweichende Merkmale im Körperbau von Mensch und Menschenaffe zusammen!

4. Vergleiche Schädelbau und Gehirnaufbau mit seinen Funktionen bei Mensch und Menschenaffe!

und Erschütterungen wie eine Feder ab, die beim Aufrechtgehen in senkrechter Richtung entstehen. Bei den Menschenaffen jedoch hängt die gesamte Körperlast an der *einfach gebogenen Wirbelsäule*. Daher müssen die Arme den Körper beim Laufen mit stützen. – Die unterschiedliche Fortbewegungsweise hat auch Auswirkungen auf den Bau des **Brustkorbes**. Beim Menschen ist er tonnenförmig, kurz und breit. Die Schultern liegen tief. Dadurch wird der Hals sichtbar. Bei den Menschenaffen dagegen ist der Brustkorb trichterförmig und flach. Die Schultern sind hoch gestellt, wodurch ein Hals scheinbar fehlt.

Zwar besitzen Mensch und Schimpanse jeweils 32 Zähne und eine übereinstimmende Höckerbildung bei den Backenzähnen, dennoch weichen die **Gebisse** voneinander ab. Das Gebiss des Menschen ist schwächer ausgebildet. Die Zahnreihe ist bogenförmig und die Eckzähne sind nicht größer als die übrigen Zähne. Menschenaffen haben ein kräftigeres Gebiss. Die spitzen Eckzähne greifen in die Zahnlücken des gegenüberliegenden Kiefers ein. Die Anordnung der Zähne ist mehr rechteckig.

Der aufrechte Gang des Menschen hat einen von den Affen abweichenden **Schädelbau** zur Folge. Das Gesicht liegt beim Menschen unterhalb des Gehirnschädels und nicht vor diesem wie beim Affen. Entsprechend ist auch die Lage des Hinterhauptloches – Eintrittstelle des Rückenmarkes in den Gehirnschädel – unterschiedlich. Nur beim Menschen trifft die Wirbelsäule senkrecht von unten auf den Gehirnschädel, und zwar in der Mitte.

Die geistige Überlegenheit des Menschen gegenüber den Menschenaffen beruht vor allem auf der Größe und Ausformung des Gehirns. Das Gehirn des Menschen ist etwa viermal so groß wie das eines Schimpansen. Vor allem das Großhirn ist stark entwickelt. Es überdeckt alle anderen Hirnteile fast vollständig und ermöglicht die besonderen geistigen Fähigkeiten wie Denken, Planen und Überlegen. Dementsprechend ist auch der Hirnschädel stark vergrößert.

Ein Vergleich von Mensch und Menschenaffen reicht nicht aus, um zu klären, woher der Mensch kommt. Zur Beantwortung dieser Frage bedarf es weiterer Informationen.

Stammesgeschichte der Lebewesen

1 Schädel eines Dryopithecinen

1. Erläutere, welche Bedeutung Fossilien von Vorfahren des Menschen für die Erforschung der Evolution des Menschen haben!

2 Lebensbild vom Proconsul (Rekonstruktion)

2. Erläutere, welche Bedeutung die Entdeckungsgeschichte von „Lucy" für die Erforschung der Menschheitsgeschichte hat!

3.2. Auf dem Weg zum Menschen

Bis heute ist es noch nicht gelungen, die Herkunft des Menschen lückenlos aufzuklären.

Bei der Suche nach der Herkunft helfen Fossilien, den Weg unserer stammesgeschichtlichen Vorfahren zurückzuverfolgen. Daher sind die zufälligen Fossilfunde unserer Vorfahren so wichtig. Sie geben uns u.a. Auskunft über das Zeitalter, in dem sie lebten. Auch lassen sie Rückschlüsse darauf zu, wie unsere Vorfahren aussahen und wie sie vermutlich lebten. Besonders Begleitfunde wie Werkzeuge und Geräte erlauben Hinweise auf die kulturelle Entwicklung der menschlichen Vorfahren.

Aus zahlreichen Funden wissen wir, dass vor mehr als 20 Mio. Jahren Tiere lebten, die Menschenaffen wie Schimpanse oder Gorilla ähnlich sahen. Wissenschaftler gaben ihnen den Namen **Dryopithecus,** was so viel wie „Eichenaffe" heißt. Der Name ist eine Anspielung auf Eichenblätter und Eichenstämme aus gleichaltrigen Braunkohleschichten, in denen man die fossilen Menschenaffen zuerst fand.

Menschen und die heutigen Menschenaffen gab es zur damaligen Zeit jedoch noch nicht. Die „Eichenaffen" waren Waldbewohner. Aus dem Bau des Arm- und Beinskeletts geht hervor, dass sie jedoch noch nicht so schwingen und hangeln konnten wie die heutigen Menschenaffen. Sie bewegten sich wahrscheinlich kriechend und kletternd auf Bäumen fort. Der Bau ihrer Zähne sowie Spuren ihrer Abnutzung deuten darauf hin, dass sich die „Eichenaffen" von Früchten, weichen Blättern, Blüten und auch von Insekten ernährt haben. Bekanntester afrikanischer Vertreter dieser Tiergruppe ist der **Proconsul,** der die Größe eines Pavians mit etwa gleich langen Vorder- und Hinterbeinen besaß. Die *Dryopthecinen* sind vermutlich die stammesgeschichtliche Wurzel, aus der sich vor etwa 10 Mio. Jahren getrennt voneinander die Menschen und die Menschenaffen entwickelt haben (siehe auch Abb. 8 auf Seite 97!).

Wir wissen nicht genau, wann unsere Vorfahren die Schwelle vom Tier zum Menschen überschritten haben. Im Jahre 1977 stieß ein Forscherteam in Afrika erstmalig auf fossile Fußabdrücke. Sie bewiesen, dass Vorfahren des

Stammesgeschichte der Lebewesen

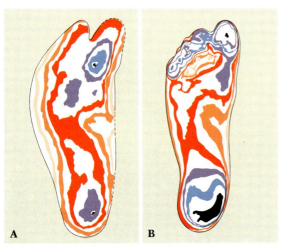

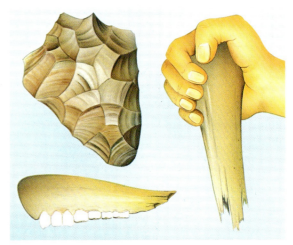

3 Fossiler Fußabdruck (3,6 Mio. Jahre) **und Fußabdruck eines heutigen Menschen.** Die Farben geben an, wie tief sich Teile des Fußes jeweils im Boden abdrücken. Dunkle Farben = Zonen hohen Druckes; helle Farben = Zonen geringen Druckes

4 Werkzeuggebrauch bei Urmenschen

3. Vergleiche die beiden Fußabdrücke in Abb. 3! Verbinde in einer Zeichnung die Hauptbelastungspunkte! Erläutere die Gewichtsverteilung!

Menschen vor etwa 3,6 Mio. Jahren aufrecht gingen. Die Abdrücke sehen ähnlich aus wie die heutiger Menschen. Damit konnte nachgewiesen werden, dass in dem Zeitraum bis vor etwa 4 Mio. Jahren eine deutliche Entwicklung zum Jetztmenschen erfolgt sein muss.

Die Entwicklung von affenähnlichen Vorformen der Menschenahnen zum Menschen hin lässt sich folgendermaßen deuten: Die gemeinsamen Vorfahren des Menschen und der Menschenaffen waren vierfüßige, auf Bäumen und auf dem Erdboden lebende, affenartige Säugetiere. Wenn sie sich auf dem Erdboden aufhielten, um Futter zu suchen, waren sie den Fressfeinden besonders ausgesetzt. In dieser savannenartigen Umwelt waren solche Tiere im Vorteil, die sich zeitweise aufrichten und die Umgebung möglichst lange überschauen konnten. Sie konnten stehend mit den Vordergliedmaßen Futter festhalten und längere Strecken auf zwei Beinen laufen, um sich in Sicherheit zu bringen. Dadurch waren sie ihren Nahrungskonkurrenten überlegen und auch in der Lage, sich eher und schneller als diese vor ihren Verfolgern in Sicherheit zu bringen. Im Verlauf vieler Jahrmillionen wurde auf diese Weise durch natürliche Auslese der **aufrechte Gang** erworben.

Mit der allmählichen Aufrichtung des Körpers erfolgte kontinuierlich die Umwandlung des Greiffußes zum Standfuß. Hände und Arme wurden frei von ihrer ursprünglichen Aufgabe als Fortbewegungsorgane. Auch die Muskeln erhielten zum Teil andere Anordnungen und Aufgaben. Die *Vormenschen* konnten in zunehmendem Maße mit ihren Vordergliedmaßen Nahrung ergreifen und bearbeiten. Mit fortschreitender Entwicklung benutzten sie auch *erste einfache Werkzeuge* aus Steinen und Knochen.

Skelettreste, die einige Millionen Jahre alt sind, findet man selten. Die ältesten Knochenreste, die Wissenschaftler aufrecht gehenden Lebewesen zuordnen, stammen ebenfalls aus Afrika. Hierzu zählt ein weibliches Skelett, dem Wissenschaftler den Namen „Lucy" gaben. Das Alter von Lucy schätzt man auf 2,6 bis 2,9 Mio. Jahre. Nachkommen von „Lucy", die vor etwa 2 Mio. Jahren lebten, gab man den Namen **Australopithecus,** was so viel wie „Südaffe" heißt.

Stammesgeschichte der Lebewesen

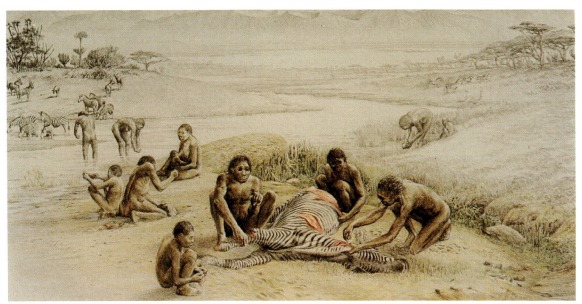

5 Urmenschen (Homo habilis) in ihrem Lebensraum (Rekonstruktion)

Manche dieser afrikanischen Südaffenmenschen waren zierlich gebaut und nur so groß wie Pygmäen, andere waren sehr viel größer und kräftiger. Aus Beifunden wissen wir, dass diese *Urmenschen* Steine und Knochen als Werkzeuge benutzten.

Etwa zur gleichen Zeit lebte in Afrika der **Homo habilis,** der *„geschickte Mensch".* Seinen Namen erhielt er von den vielen Werkzeugen, die man bei ihm zusammen mit Fossilien von Tieren fand. Offensichtlich war er ein Fleischverwerter. Ob er Tiere erlegte oder von Aas lebte, ist bis heute nicht erwiesen. Dieser Urmensch war ein perfekter Zweibeiner. Sein Gehirn war mit etwa 800 cm³ viel größer als das der zur gleichen Zeit lebenden *Australopithecinen.* Die Zähne deuten auf einen Allesfresser hin. Wissenschaftler vermuten, dass Homo habilis zu unseren direkten Vorfahren gehört.

Die Urmenschen gehören in einen Zeitabschnitt, der durch das Auslaufen der noch nicht menschlichen und den Beginn der menschlichen Phase gekennzeichnet ist. Dieser Abschnitt vor etwa 3 bis 2 Mio. Jahren wird daher als das **Tier-Mensch-Übergangsfeld** bezeichnet.

Vor etwa 1,5 Mio. Jahren traten nach und nach an die Stelle der Urmenschen die *Frühmenschen.* Es waren aufrecht gehende Menschenformen, die auch **Homo erectus** genannt werden. Sie lebten bis vor etwa 300 000 Jahren. Von Afrika aus haben sie sich vermutlich weit über die Erde verbreitet. Der nach einem Fund bei Heidelberg benannte **Heidelbergmensch** hat vor rund 500 000 Jahren gelebt und gehört damit zu den ältesten Frühmenschen. Dieser sah den heutigen Menschen ähnlich. Nur der Schädel weist noch recht ursprüngliche Merkmale auf. Die Stirn ist schräg nach hinten geneigt und trägt kräftige, vorstehende Überaugenwülste. Der Unterkiefer zeigt erst schwache Kinnbildung. Mit einem Gehirnvolumen von bis zu 1100 cm³ war wohl auch eine höhere geistige Leistungsfähigkeit dieser menschlichen Vorfahren verbunden.

Der Frühmensch stellte gezielt bestimmte Werkzeuge her, die zum Erlegen und Zerteilen der Beutetiere geeignet waren. Auch änderte sich das Verhalten unserer Vorfahren. Sie lebten in Gruppen als Jäger und Sammler und teilten ihre Nahrung miteinander. Sie konnten vor 1 Mio.

6 Bestattung beim Neandertaler

7 Jetztmensch aus Cro-Magnon

Jahren auch schon Feuer machen und in warmen Wohnhöhlen überwintern. Vermutlich verständigten sich die Mitglieder einer Gruppe durch einfache Laute.

Aus dem Homo erectus entwickelte sich schließlich der **Homo sapiens,** der „vernunftbegabte Mensch". Er lebte während der letzten Zwischeneiszeit und Eiszeit. Deshalb gab man ihm den Namen *eiszeitlicher Jetztmensch*. Die eiszeitlichen Jetztmenschen kamen in körperlich verschieden gestalteten Typen vor.

Durch zahlreiche Funde und weite Verbreitung ist der **Neandertaler** (Homo sapiens neandertalensis) am bekanntesten. Nach den Fossilfunden zu urteilen war er der einzige Menschentyp, der vor über 100 000 bis vor etwa 40 000 Jahren große Teile Europas, Kleinasiens und Westasiens bewohnte. Man stellt sich diesen etwa 1,60 m großen Menschen kräftig und untersetzt gebaut vor. Der Schädel weist noch einen starken Stirnwulst sowie eine fliehende Stirn und ein abgeknicktes Hinterhaupt auf. Mit 1400 cm³ ist das Gehirn geringfügig größer als das heutiger Menschen mit einem Volumen von durchschnittlich 1360 cm³.

Neben verschiedenartigen Steinwerkzeugen, die man bei Ausgrabungen fand, deuten *Totenbestattung*, Grabbeigaben und Schmuck auf eine weiterentwickelte Kulturstufe hin. Sehr wahrscheinlich konnten sich diese Menschen schon sprachlich verständigen. Die Neandertaler starben jedoch vor etwa 30 000 Jahren aus und gelten daher als Seitenzweig in der menschlichen Entwicklungsgeschichte. Man nimmt an, dass sie dem Konkurrenzkampf der gleichzeitig mit ihnen lebenden Typen von Jetztmenschen (Homo sapiens sapiens) unterlegen waren. Während der letzten großen Eiszeit lebten Neandertaler mit einer Menschenform zusammen, die nach dem ersten Fundort als **Cro-Magnon-Menschen** bezeichnet werden. Diese eiszeitlichen Jetztmenschen, die zu den heutigen Menschenrassen führen, unterscheiden sich in ihrem Körperbau grundsätzlich nicht mehr von uns. Sie standen als Jäger und Sammler auf einer hohen Kulturstufe. Sie lebten in einfachen Hütten und Höhlen, wo sie Schutz vor ungünstiger Witterung und vor gefährlichen Tieren fanden. Aus dieser Zeit stammen auch die ältesten bekannt gewordenen *Höhlenmalereien*.

Stammesgeschichte der Lebewesen

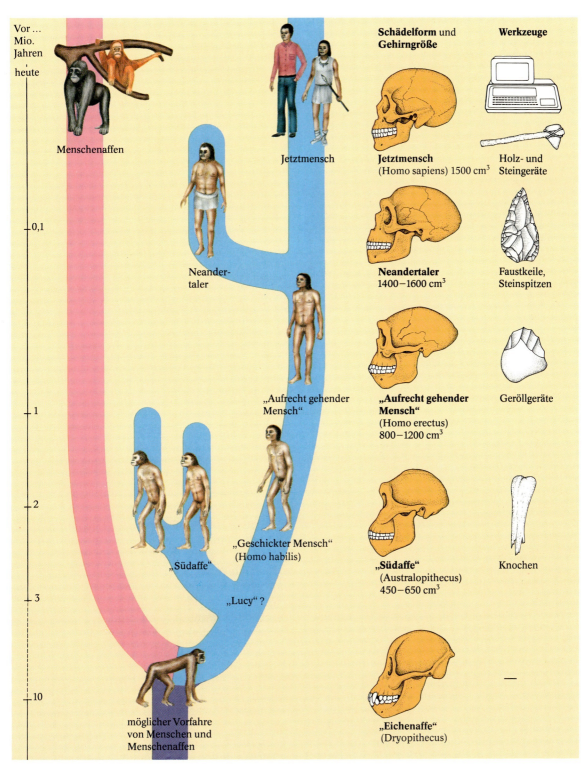

8 Stammbaum des Menschen und der Menschenaffen

1 Werkzeuggebrauch beim Spechtfinken (Darwin-Fink) **auf den Galapagos-Inseln**

2 Steinzeitliche Geräte. 1 Steinmesser; 2 Steinäxte; 3 Pfeilspitzen; 4 Faustkeil; 5 Steinbeil

3.3. Sonderstellung des Menschen

Eine entscheidende Voraussetzung für die Menschwerdung war die Entwicklung des Großhirns und damit die *Ausbildung geistiger Fähigkeiten*. Dazu gehörte in der frühen Phase der menschlichen Evolution die Herstellung und Benutzung von Steinwerkzeugen. Durch diesen **Werkzeuggebrauch** bewiesen unsere Vorfahren Intelligenz. Nun kennen wir allerdings auch von manchen Tieren einen Werkzeuggebrauch. Es muss also noch etwas mehr sein, was die Sonderstellung des Menschen gegenüber den Tieren begründet.

So ist der Gebrauch des **Feuers** seit über einer Million Jahren ausschließlich auf den Menschen beschränkt. Durch Nutzung des Feuers und den Aufenthalt in Wohnhöhlen konnten die Frühmenschen über die tropischen Zonen hinaus in Gebiete mit gemäßigtem Klima vordringen. Tiere dagegen meiden das Feuer.

Ein weiteres Merkmal ist die **Totenbestattung.** Der erste sichere Nachweis dieser menschlichen Sitte stammt aus einer Zeit vor etwa 60 000 Jahren. Aus frühgeschichtlichen Funden wissen wir, dass die Toten regelmäßig begraben wurden. Sie trugen zum Teil Fellbekleidung und hatten als Grabbeigaben Geräte und Schmuck. Auch Nahrung wurde mit ins Grab gegeben. Es muss also zu früher Zeit eine Vorstellung vom Leben nach dem Tode gegeben haben.

Auch **vormedizinische Kenntnisse** müssen zu jener Zeit vorhanden gewesen sein. Man hat festgestellt, dass um die Toten Pflanzenreste lagen, die auf eine wohl überlegte Anordnung schließen lassen. Anhand von Blütenpollen ließ sich nachweisen, dass es sich bei den Pflanzen um Arten handelt, die heute noch in der Volksmedizin Verwendung finden.

Auch **Höhlenmalereien** und **Tierskulpturen**, die von den Menschen während der letzten Eiszeit geschaffen wurden, zeugen von der hohen Kultur. Im Leben dieser Menschen spielten die Tiere eine entscheidende Rolle. Aus tiefer gelegenen Teilen von Höhlen, die wahrscheinlich kultischen Zwecken dienten, kennt man Wandmalereien von einzigartiger Schönheit. Mit den Tierbildern oder Jagdszenen beschworen sie wahrscheinlich das Jagdglück. Ähnliche Sitten kann man heute noch bei Naturvölkern finden.

Stammesgeschichte der Lebewesen

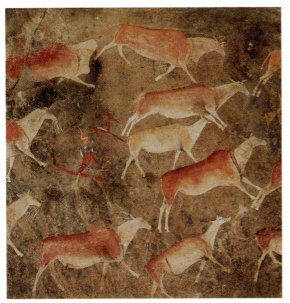

3 Steinzeitliche Höhlenmalerei

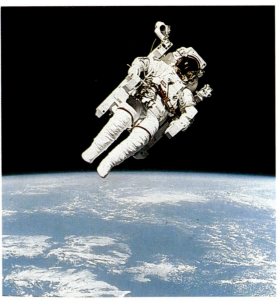

4 Eroberung des Weltraums

Die auffälligsten Merkmale, die den Menschen von den Tieren unterscheiden, sind seine Sprache und die Schrift. Zur **Sprache** befähigt ihn einerseits der Bau von Mundhöhle, Kehlkopf und Rachenraum, die durch eine ausgeprägte Muskulatur zu vielfältigen Bewegungen in der Lage sind. Andererseits enthält das Großhirn zwei besondere Sprachzentren, eines für das Sprachverständnis und ein weiteres zum Sprechen (motorisches Zentrum). Menschenaffen fehlt das motorische Zentrum. Sie können daher im Gegensatz zum Menschen keine Wörter formulieren. Mit der Sprache kann der Mensch seine Erfahrungen, Gedanken und Gefühle anderen Menschen mitteilen.

Vor 5000 bis 6000 Jahren erfand der Mensch die **Schrift.** Mit der Beherrschung der Schrift können Informationen beliebig lange gespeichert und damit Wissen weitergegeben werden. Sie ermöglicht, dass die Nachkommen von den Erfahrungen der Vorfahren profitieren. Kein Tier ist dazu in der Lage. Die Erfindung des **Buchdrucks** war ein weiterer wichtiger Schritt in der kulturellen Entwicklung der Menschheit.

Mithilfe der Elektronik ist es heute sogar möglich, dass bestimmte Maschinen Aufgaben des Gehirns übernehmen. Hierzu gehören **Computer,** die eine Vielzahl von Daten in einer außerordentlich hohen Geschwindigkeit speichern und verarbeiten können. So nehmen heute z.B. computergestützte Maschinen dem Menschen Arbeit und Entscheidungen ab, die dieser vorher mit hohem Zeitaufwand noch selbst verrichten musste. Die Fähigkeit zur Weitergabe von Informationen der verschiedensten Art bildete die Grundlage für die **kulturelle Evolution.** Zweckmäßiges und Bewährtes wird von Generation zu Generation weitergereicht. Hierzu gehören sowohl die geistigen wie auch die künstlerischen Fähigkeiten. Durch die Fähigkeiten des Werkzeuggebrauchs, der Schrift, der Sprache und durch seine Kultur unterscheidet sich der Mensch wesentlich vom Tier.
Durch seine Sonderstellung ist der Mensch zum Beherrscher der Natur geworden. Er ist in der Lage, sie auch nach seinem Willen zu verändern. Der Mensch hat damit eine große Verantwortung für die Zukunft des Lebens auf der Erde übernommen.

1 Menschen verschiedener Rassenzugehörigkeit

3.4. Menschenrassen – Ergebnis einer langen Entwicklungsgeschichte

Bei internationalen Sportveranstaltungen oder Messen kann man Menschen sehen, die sich in Hautfarbe und Aussehen auffällig voneinander unterscheiden. Sie kommen aus vielen Ländern der verschiedenen Erdteile. Obwohl sie zum Teil unterschiedlich aussehen, gleichen sie sich alle in wesentlichen Merkmalen. Dazu gehören Körperbau, Sprechfähigkeit, geistige Leistung und seelisches Empfinden.
Biologisch gesehen zählt man alle zu einer **Art**, die wir **Mensch** (Homo sapiens sapiens) nennen. Sie zeigen im Erbgut so viele Übereinstimmungen, dass sie sich miteinander fortpflanzen können. – Innerhalb der Art Mensch treten aber auch deutlich sichtbare erbliche Merkmale auf, durch die man bestimmte Bevölkerungsgruppen voneinander unterscheiden kann. Es sind zum Beispiel Übereinstimmungen in Körpergröße, Körperproportionen, Kopfform, Hautfarbe sowie Form der Augen, Nase, Lippen und Haare. Menschen mit solchen gemeinsamen Merkmalen gehören zu einer **Rasse**.

Wir unterscheiden im Wesentlichen drei *Großrassen:* die **Europiden** oder Weißen, die **Negriden** oder Schwarzen und die **Mongoliden** oder Gelben. Zu jeder Großrasse gehören noch viele Untergruppen, von denen etwa 30 bekannt sind. Daneben gibt es noch *Sondergruppen* wie Zwergvölker im Innern Afrikas, auf den pazifischen Inseln und in Australien. Durch Wanderzüge in der Vergangenheit und durch die verkehrsmäßige Erschließung der Welt ist es unter den Menschen zu einer vielfältigen *Rassenmischung* gekommen. So findet man zwischen den Rassengruppen gleitende Übergänge. Dadurch fällt es oft schwer, einen Menschen einer bestimmten Gruppe zuzuordnen.
Wie aber ist es zur Entstehung der heutigen Menschenrassen gekommen? Die fossilen Funde sagen darüber kaum etwas aus. Man nimmt jedoch an, dass sich die Großrassen vor etwa 40 000 Jahren in den einzelnen Kontinenten gebildet haben. Eismassen, Gebirge, Meere und Wüsten haben die Rassenbildung in den voneinander isolierten Gebieten begünstigt. Die unterschiedlichen Rassen sind daher ursprünglich geographische Rassen.

Stammesgeschichte der Lebewesen

2 Verbreitung von Menschenrassen

1. Zeige anhand der Abbildung 1 Merkmale auf, durch die sich die Vertreter der einzelnen Großrassen voneinander unterscheiden!

2. Stelle Beispiele zusammen, in welchen Ländern es gegenwärtig Rassenkonflikte gibt! Nenne die möglichen Ursachen und nimm dazu Stellung!

Neben diesen Ursachen zur Rassenbildung haben auch **Mutation** und **Selektion** eine entscheidende Rolle gespielt. Verschiedene Merkmale der Rassen wie Größe und Form des Körpers, Haare, Gesicht und Hautfarbe lassen sich als *Anpassung an den ursprünglichen Lebensraum* deuten.

So überrascht es zum Beispiel nicht, dass die Völker in Afrika, Südindien und Australien eine dunkle Hautfarbe besitzen. Sie leben seit Hunderten von Generationen in tropischen Gebieten mit starker Sonneneinstrahlung. In ihrer Haut ist viel Pigment *Melanin* enthalten. Es bildet einen natürlichen Schutz gegen starkes Sonnenlicht mit schädlicher Ultraviolettstrahlung (UV-Strahlung).

Helle Haut dagegen ist kennzeichnend für Völker, die in gemäßigten Breiten mit weniger intensiver Sonneneinstrahlung leben. Die weiße Hautfarbe ist vermutlich erst spät in der Entwicklungsgeschichte des Menschen entstanden, und zwar zu der Zeit, als Menschen in nördliche Zonen vorzustoßen begannen. Wird helle Haut der Sonne ausgesetzt, bildet sie braune Pigmente.

Andererseits brauchen Menschen eine gewisse Menge Sonnenlicht für den Aufbau von Vitamin D. Von dunkelhäutigen Menschen, die in Gegenden mit geringer Sonneneinstrahlung leben, wissen wir, dass sie leicht an Vitamin-D-Mangel leiden. Die helle Haut der Menschen in gemäßigten Breiten dagegen ist in der Lage, die schwache UV-Strahlung zur Bildung von Vitamin D zu nutzen. Dunkle und helle Hautfarbe haben sich also vermutlich als Anpassung an die unterschiedliche UV-Strahlung entwickelt.

Vielfältige Schranken zwischen den einzelnen Rassengruppen haben dazu beigetragen, dass rassische Unterschiede erhalten geblieben sind. Leider haben solche Schranken auch zur Bildung von Vorurteilen geführt. Fast täglich erfahren wir durch die Medien von **Rassenkonflikten** in aller Welt. Es steht jedoch fest, dass es in der Wertung der einzelnen Rassen grundsätzlich keinen Unterschied gibt. Die Menschen sind in ihren Fähigkeiten und Gefühlen grundsätzlich alle gleich. Jeder von uns sollte daher bemüht sein, diesen Rassenkonflikten entgegenzuwirken.

Mensch und Umwelt

1 Gewässerverschmutzung

1. Belastung der Umwelt durch den Menschen

1.1. Gewässer in Not

Schon seit alters her benutzt der Mensch Gewässer, um seine Abfälle zu beseitigen. Diese Art der Abfallbeseitigung schien lange Zeit billig und problemlos zu sein. Eine artenreiche Pflanzen- und Tierwelt zeigte trotz Abwassereinleitung „gesunde" Lebensräume an. – Heute dagegen sind viele Gewässer „krank". Schmutziges, zum Teil übel riechendes Wasser und tot auf der Wasseroberfläche treibende Fische deuten darauf hin. Was ist dort geschehen?

In sauberen Gewässern leben zahlreiche Pflanzen- und Tierarten. Alle Lebewesen finden dort ausreichend Nahrung. Auch genügend Sauerstoff zum Atmen ist vorhanden. Gelangen zum Beispiel geringe Mengen an Abwässern und Abfällen in einen Fluss, werden die organischen Reste von Bakterien abgebaut. Beim Abbau der organischen Bestandteile entstehen als Endprodukte mineralische, im Wasser lösliche Nährsalze, die von Wasserpflanzen aufgenommen werden. Geringe Gewässerverunreinigungen mit Schmutzteilchen und fäulnisfähigen Stoffen werden auf diese Weise abgebaut, ohne dabei Pflanzen, Tieren und dem Menschen zu schaden. Durch diese **biologische Selbstreinigung** bleiben die Gewässer sauber und damit biologisch gesund.

Gegenwärtig jedoch gelangen unvorstellbare Mengen ungereinigter oder unzureichend vorgereinigter *organischer Abwässer* in die natürlichen Wasserläufe. Hinzu kommen *chemische Abfallstoffe* von Industrien und Gewerbebetrieben. Bei einer solchen „Giftfracht" reicht die Selbstreinigungskraft der Gewässer oft nicht mehr aus, die organischen Reste abzubauen. Bakterien nehmen überhand und verbrauchen viel Sauerstoff. Als Folge davon sinkt der Sauerstoffgehalt des Wassers. Viele Tiere vom Einzeller bis zum Fisch ersticken. Das *biologische Gleichgewicht* zwischen allen Lebewesen ist so nachhaltig gestört, dass Gewässer zu faulen beginnen. Fachleute sprechen vom **Umkippen der Gewässer.**

Nach manchen Flüssen und Seen droht jetzt auch das Leben im Meer umzukippen. Wissenschaftler haben nachgewiesen, dass zum Beispiel die Selbstreinigungskraft der Nordsee lange Zeit überschätzt wurde. Flüsse bringen

Mensch und Umwelt

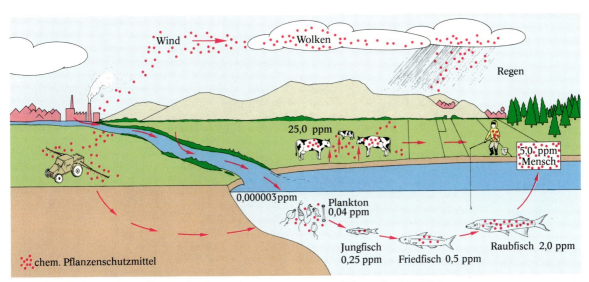

2 Der Weg von Schadstoffen in der Natur (ppm = parts per million oder 0,001‰)

1. Erläutere die Abbildung 2!

stündlich tonnenweise Schmutzfracht zum Meer. Hier kommt es jedoch nicht zur schnellen Verdünnung der Schadstoffe. Die flache Nordsee zeichnet sich nämlich durch einen geringen Wasseraustausch aus. Vor allem in den küstennahen Flachwasserbereichen erfolgt nur langsam eine Abnahme der Schadstoffkonzentration. Schwermetalle lagern sich im Watt ab und werden dann von den Lebewesen über die Nahrungsaufnahme im Körper gespeichert. In der Nahrungskette vom Plankton bis hin zu Fischen, Seevögeln und Meeressäugern kommt es zur Anreicherung von Schadstoffen, die zu Krankheiten und zum Tod vieler Tiere führen. Selbst die Gesundheit des Menschen ist bedroht, wenn er zum Beispiel Fische oder Muscheln isst, deren Giftkonzentration die für Lebensmittel zulässigen Grenzwerte übersteigt.

Vor einigen Jahren machte das **Seehundsterben** Schlagzeilen. Tausende von Seehunden fielen einer rätselhaften Krankheit zum Opfer. Fast schien es so, als ob der gesamte Seehundbestand auszusterben drohte. Inzwischen weiß man, dass die Tiere an einer Seuche verendeten. Mit Sicherheit haben auch giftige Abwässer, die in die Nordsee gelangten, zum Tod der Tiere beigetragen. Die Seehunde fressen nämlich Fische und Krebse, die mit Gift verseuchte Nahrung aufgenommen und dadurch Gift in ihrem Körper angereichert haben. Das mit der Nahrung aufgenommene Gift schwächt die Seehunde. Sie sind nun besonders anfällig gegenüber Infektionen und gehen zugrunde.

Eine weitere Belastung der Nordsee sind große Mengen an *Stickstoffverbindungen* und an *Phosphaten*. Sie führen in den küstennahen Gebieten zu einer Überdüngung und fördern damit das Wachstum der Algen und des Planktons. Beim Absterben der Pflanzen wird so viel Sauerstoff verbraucht, dass es zu einer *Sauerstoff-Unterversorgung* kommt. Gerade in diesen Gebieten liegen wichtige Lebensräume für Meerestiere wie Krebse, Muscheln, Schnecken, Würmer und Fische. Vor allem wächst dort die Fischbrut vieler Meeresfische heran. Wenn der Sauerstoffgehalt des Wassers sinkt, leiden viele Tiere an Atemnot und sterben.

Auf ungefähr 500 000 t Öl wird die Menge geschätzt, die pro Jahr aus Schiffen, Bohrinseln,

Gütestufe I: gering verschmutzt
Gütestufe II: mäßig verschmutzt
Gütestufe II/III: kritisch belastet
Gütestufe III: stark verschmutzt
Gütestufe III/IV: sehr stark verschmutzt
Gütestufe IV: übermäßig verschmutzt

3 Gewässergüte ausgewählter Fließgewässer (1990). Die Gewässer werden nach ihrer Güte eingeteilt.

Wassergütestufe I: gering verschmutztes Wasser mit hohem Sauerstoffgehalt (ca. 10 mg/l); zahlreiche Arten in geringer Individuenzahl

Wassergütestufe II: mäßig verschmutztes Wasser; sauerstoffreich (ca. 6 mg/l); viele Organismenarten; reicher Pflanzenwuchs

Wassergütestufe III: stark verschmutztes Wasser; zeitweiser Sauerstoffmangel (ca. 4 mg/l); keine Sauerstoff liebenden Organismen (z.B. Fäulnisbakterien)

Wassergütestufe IV: übermäßig verschmutztes Wasser; Sauerstoffgehalt ca. 0 bis 2 mg/l; wenige Organismenarten in oft massenhafter Anzahl (Fäulnis- und Schwefelbakterien)

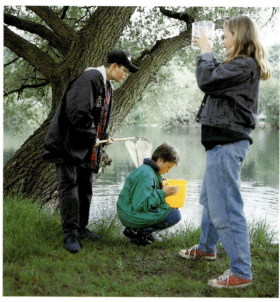

4 Gewässeruntersuchung

Pipelines und Industriebetrieben in die Nordsee und in den Nordatlantik geraten. Die Ölverseuchung der Meere durch Tankerunfälle ist dabei noch nicht berücksichtigt. Die Veröhlung der Gewässer führt zur gefürchteten **Ölpest.** Vom Öltod sind vor allem die Seevögel bedroht. Das Gefieder verklebt. Die Vögel können nicht mehr fliegen. Auch die Wärmeregulation ist gestört. Die Tiere gehen qualvoll zugrunde. Allein in einem Winter fielen an der deutschen Nordseeküste etwa 200 000 Seevögel der Ölpest zum Opfer.

Wir sehen also: Die Gewässer können nicht unbegrenzt als „Müllgrube" für Haushalte, Gewerbebetriebe, Industrien und Schifffahrt dienen. Verschiedene **Maßnahmen des Umweltschutzes** zielen darauf ab, die Belastung der Flüsse und Seen mit Schmutz- und Schadstoffen mittel- und langfristig zu senken. Hierzu gehören auch Bestimmungen, die eine möglichst gefahrlose Abwasserbeseitigung vorsehen. *Wasseruntersuchungsämter* kontrollieren ständig die Gewässer auf den Gehalt an Schmutz- und Giftstoffen und ermitteln Verursacher unerlaubter Gewässerverschmutzung.

Übung: Gewässergüte

Kleintiere des Wassers stellen unterschiedliche Ansprüche an ihren Lebensraum. Vor allem der Sauerstoffgehalt des Wassers spielt eine wichtige Rolle. Vom Vorkommen bestimmter Tiere, so genannter **Zeigerorganismen**, lassen sich Rückschlüsse auf den Zustand des Wassers ziehen. In der Abbildung 1 stehen links die Tiere mit dem größten Sauerstoffbedarf. Nach rechts nimmt der Sauerstoffbedarf der Kleintiere ab. Du kannst die **Wassergüte** eines Baches oder Flusses damit selbst annähernd bestimmen.

V 1. Untersuchung eines Gewässers

Material: Plastikschale; Schraubgläser; Mehlsieb oder Kescher; Gummistiefel; Tuschepinsel; Pinzette; Pipette; Löffel; Lupe

Durchführung: a) Nimm von einem geröllreichen Ufer einige faustgroße Steine aus dem Wasser, ggf. ein Pflanzenbüschel, und lege sie in eine Plastikschale! Spüle kleine Tiere mit einer Pipette ab oder wische sie mit einem Pinsel herunter! Fülle den „Fang" ins Schraubglas!
b) Ziehe an einer sandigen Uferstelle mit einem Mehlsieb oder Kescher zehnmal durch einen Bestand von Wasserpflanzen! Überführe die gefangenen Tiere in ein mit Wasser gefülltes Schraubglas!
c) Entnimm mithilfe des Löffels eine Bodenprobe vom Gewässergrund und fülle diese in ein Schraubglas!

Aufgabe: Untersuche die Gläser nach Zeigerorganismen! Unterscheide verschiedene Formen! Nimm dazu auch die Lupe zu Hilfe! Findest du von einer Art mehr als 10 Lebewesen, kannst du diese als häufig vorkommend bezeichnen. Bestimme mithilfe der Abbildung 1 die Gewässergüte des untersuchten Gewässers!

A 2. Gewässergüte einiger Flüsse

a) Erläutere die Abbildung 3 auf Seite 104!
b) Fließgewässer reinigen sich teilweise selbst. Suche dafür Belege aus der Gewässergütekarte Abbildung 3 auf Seite 104!

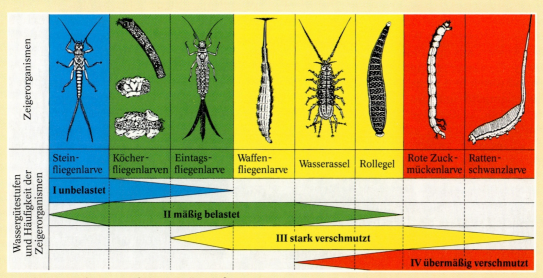

1 Zeigerorganismen und Wassergütestufen

1 Mechanisch-vollbiologische Kläranlage einer Großstadt

1.2. Reinhaltung der Gewässer durch Abwasserklärung

Nicht in allen Gebieten der Bundesrepublik Deutschland stehen für die Trinkwasserversorgung ausreichende Mengen hochwertigen Grundwassers zur Verfügung. So stammen zum Beispiel in Nordrhein-Westfalen etwa 43 % des Trinkwassers aus den Flüssen Rhein und Ruhr. In diese Gewässer gelangen jedoch viele Abfälle von Industrien und Haushalten, die zum Teil lebensgefährdend sind. So muss das Flußwasser erst durch kostspielige Verfahren für den menschlichen Genuss aufbereitet werden. Daher ist es von großer Bedeutung, dass die Gewässer möglichst wenig verschmutzt werden. Eine wichtige Aufgabe hat in diesem Zusammenhang die *Abwasserreinigung*.

Das Abwasser-Kanalsystem führt die täglich anfallenden Abwasser der Haushalte, auch *kommunale Abwässer* genannt, zur **Kläranlage**. Zunächst passiert das Abwasser die **mechanische Reinigungsstufe**. Durch einen *Rechen* werden die sperrigen Bestandteile aufgefangen. Im anschließenden *Sandfang* sinken Sand und grober Schmutz zu Boden. Öle und Fette werden im nachfolgenden *Öl-Fettabscheider* zurückgehalten. Danach durchläuft das Abwasser langsam ein oder mehrere *Vorklärbecken*. Dadurch wird erreicht, dass sich die noch verbliebenen ungelösten Schwebstoffe als Schlamm auf dem Boden der Becken absetzen können.

Das mechanisch vorgeklärte Abwasser enthält jedoch noch die gelösten organischen und anorganischen Stoffe. Diese müssen anschließend entfernt werden. Das Abwasser wird daher in gut durchlüftete *Belebtschlammbecken* gepumpt. In dieser **biologischen Reinigungsstufe** laufen Vorgänge ab, wie wir sie von der Selbstreinigung der natürlichen Gewässer her kennen. Mikroorganismen bauen die gelösten organischen Schmutzstoffe weitgehend ab. Je mehr Sauerstoff das Wasser enthält, desto erfolgreicher verläuft die biologische Reinigung.

Bei den Abbauvorgängen kommt es zu einer Massenvermehrung der Mikroorganismen. Es bilden sich Belebtschlammflocken, die zusätzlich noch im Abwasser sehr fein verteilte Stoffe binden.

Mensch und Umwelt

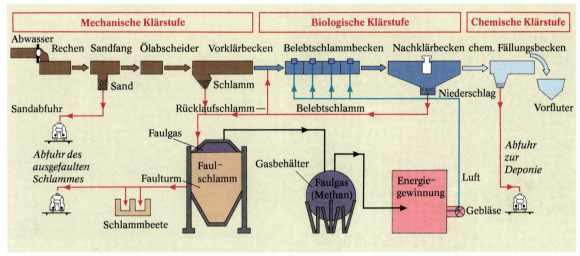

2 Dreistufige Abwasser-Kläranlage (schematische Übersicht)

1. Beschreibe die Abwasserklärung in Abb. 2! Wie erfolgt die Abwasserklärung in deinem Wohnort?

2. Klärschlamm auf landwirtschaftlichen Nutzflächen ist nicht ganz ungefährlich. Begründe!

In manchen Kläranlagen erfolgen die biologischen Abbauvorgänge auch in so genannten *Tropfkörpern*. Drehsprenger versprühen das mit Sauerstoff angereicherte Wasser über poröse Schlacke. Das Abwasser rieselt durch die Schlackenschicht und passiert dabei einen dichten ‚biologischen Rasen' von Mikroorganismen, der sich auf der Schlackenoberfläche gebildet hat. Gleichzeitig strömt Luft von unten durch die Schlackenschicht gegen das durchsickernde Wasser.

Danach gelangt das Abwasser in *Nachklärbecken*. Dort setzen sich ausgeflockte Stoffe und Belebtschlamm ab. Ein Teil des Schlamms wird zur „Neuimpfung" des ständig nachfließenden Abwassers in die Belebtschlammbecken zurückgeführt. Der Rest gelangt mit dem Schlamm aus den Vorklärbecken in den *Faulturm*. Anaerobe Bakterien bewirken, dass der Faulschlamm in wenigen Tagen ausfault. Bei diesem Prozess entstehen Methangas und Wärme. Der ausgefaulte Schlamm findet als Dünger Verwendung.

Nach der biologischen Reinigungsstufe ist das Abwasser im Wesentlichen von den organischen Schmutzstoffen befreit. Bei den meisten Kläranlagen fließt dieses geklärte Abwasser in ein nahe gelegenes natürliches Gewässer, auch *Vorfluter* genannt. Es enthält aber als Endprodukt der Abbauvorgänge noch die anorganischen Stoffe in konzentrierter Form. So ergießt sich in der Mehrzahl der Kläranlagen eine ‚Düngerlösung' in Flüsse, Seen und Meere.

Um die Gewässer möglichst wenig mit Schadstoffen zu belasten, ist daher eine zusätzliche **chemische Reinigungsstufe** erforderlich. In dieser lassen sich durch Fällungsmittel zum Beispiel Phosphate aus den kommunalen Abwässern ausflocken. Phosphate sind in Waschmitteln enthalten. – Industrielle Abwässer mit giftigen Bestandteilen wie Arsen, Quecksilber, Cadmium, Blei und Cyaniden müssen in speziellen chemischen Reinigungsverfahren von den verursachenden Betrieben selbst entfernt werden. Dennoch gelangen zur Zeit immer noch zu viele unzureichend geklärte und sogar ungeklärte Abwässer in die natürlichen Wasserläufe. Daher muss die gefahrlose Abwasserbeseitigung noch weiter verbessert werden.

1 Schlagzeilen

*1. a) Nimm zu den einzelnen Schlagzeilen Stellung!
b) Stelle ein ähnliches Poster mit Schlagzeilen zur Luftverschmutzung zusammen!*

2 „Umweltschädling" Automobil

2. Stelle anschaulich dar (zum Beispiel als Grafik oder als Poster), welche Umweltgefahren von den Kraftfahrzeugen ausgehen!

1.3. Gefahren aus der Luft

Es vergeht kaum eine Woche, in der nicht in den Medien über die Luftverschmutzung berichtet wird. Jeder von uns hat schon davon gehört, dass von der Luft, die durch verschiedenartige Stäube und Abgase verunreinigt ist, ernsthafte Gefahren für unsere Umwelt und für unsere Gesundheit ausgehen. Sogar Klimaveränderungen mit unabsehbaren Folgen für die Menschheit werden nicht mehr ausgeschlossen, wenn nicht bald Entscheidendes zur Verringerung des Schadstoffausstoßes erfolgt.

Nach Schätzungen gelangen zur Zeit in Deutschland jährlich mehrere Mio. Tonnen *technischer* **Staub** in die Luft. Diese Feinstäube in einer Größe von etwa 1 μm bis 0,1 μm werden vor allem von der Kohle verarbeitenden Industrie, der Eisen- und Stahlindustrie sowie der Steine-Erden-Industrie verbreitet.

Hinzu kommen **Abgase,** unter anderem *Schwefeldioxid,* das zum Beispiel bei der Verbrennung schwefelhaltiger Materialien wie Kohle, Erdöl und Erdgas entsteht. Neben diesen luftverunreinigenden Stoffen werden *Stickstoffoxide, Kohlenstoffmonoxid, Kohlenwasserstoffe* und *Blei* in Form von *Bleiverbindungen* an die Luft abgegeben. Diese Stoffe fallen hauptsächlich als Abfallprodukte in der chemischen Industrie und als Bestandteile von Autoabgasen an. Die Kraftfahrzeuge gehören mit zu den größten Umweltverschmutzern. Ihre jährliche Abgasmenge entspricht einer 1,70 m hohen Giftgaswolke über Deutschland.

Die Abgabe luftverunreinigender Stoffe aus Kraftwerken, Industrieanlagen und Kraftfahrzeugen bezeichnet man als **Emissionen.** Sind die Substanzen an die Atmosphäre abgegeben, reagieren sie mit Bestandteilen der Luft. Auf diese Weise entstehen zum Beispiel aus Schwefeldioxid *schweflige Säure,* aus Fluorwasserstoff *Flusssäure.* Bei hohen Temperaturen, wie sie zum Beispiel in den Verbrennungsmotoren der Kraftfahrzeuge entstehen, reagieren der Stickstoff und der Sauerstoff der Luft miteinander. Es bilden sich stark giftige *Stickstoffoxide* (Stickoxide). Alle diese Stoffe, die auf Menschen, Tiere, Pflanzen und Bauwerke einwirken, bezeichnet man als **Immissionen.**

Mensch und Umwelt

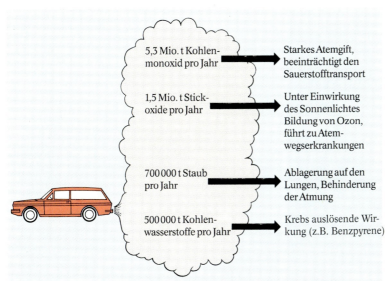

3 Autoabgase und ihre gesundheitsschädigenden Wirkungen

4 Schäden am Kölner Dom durch Schadstoffe in der Luft

Unter den Emissionen gibt es zahlreiche *Schadstoffe.* **Schwefeldioxid** und **Fluorwasserstoff** zum Beispiel bilden in Verbindung mit Luftfeuchtigkeit, Tau, Nebel oder Regen Säuren, die sich auf Pflanzen und Bauwerken niederschlagen und dort zu Schäden führen. Die Gase Schwefeldioxid und Fluorwasserstoff dringen auch durch Spaltöffnungen der Blätter und reagieren mit dem Transpirationswasser. Als schweflige Säure und als Flusssäure zerstören sie Blattzellen. Die Assimilation wird dadurch beeinträchtigt. Die Pflanzen beginnen zu kränkeln und sterben schließlich ab. – Als Folge von Fluorwasserstoff-Einwirkungen werden auch gesundheitliche Störungen bei Rindern, Rückgang der Milchleistungen bei Kühen und eine geringere Gewichtszunahme festgestellt.

Unter den **Kohlenwasserstoffen,** die dem Auspuff der Autos und den Schornsteinen der Industrien entweichen, ist das *Benzpyren* besonders gesundheitsschädlich. Es lagert sich an Feinstäuben an und gelangt auf diese Weise in die Lunge. Beim Einatmen schon geringer Mengen über einen längeren Zeitraum hinweg kann es zu Lungenkrebs kommen.

Unter den Immissionen sind **Bleiverbindungen** wegen ihrer langfristigen gesundheitlichen Schädlichkeit gefährlich. Vor allem weist die Luft in der Umgebung von Bleihütten, Bleischmelzwerken und in der Nähe viel befahrener Straßen hohe Bleikonzentrationen auf. Pflanzen nehmen Bleiverbindungen auf und speichern sie. Über die Pflanzen gelangt das Blei in die Tiere und in den Menschen. Es wirkt auf den Organismus und führt zu Störungen in der Blutfarbstoffbildung, zu Kreislauferkrankungen, Muskelschwäche, Lähmungen, Erkrankungen der Leber, Niere und des Gehirns. Daher wird davon abgeraten, Gemüse und Obst aus bleiverseuchten Gebieten zu essen.

Etwa die Hälfte aller emittierten **Stickoxide** entfällt auf Kraftfahrzeuge. Stickoxide sind hochgiftige Substanzen, die zu gesundheitlichen Schäden führen können. Bei Arbeitern, die über längere Zeit hohen Stickoxidkonzentrationen ausgesetzt waren, stellten sich Erkrankungen des Zahnfleisches und der Lunge ein. – *Stickstoffdioxid* reagiert zum Beispiel zu *Salpetersäure* und trägt damit zusammen mit anderen Immissionen zur *Versauerung der Böden* bei.

5 Fichtensterben. A Angsttriebe; B Nadelbräunung; C tote Fichten

Die Folgen der Luftverunreinigung werden zur Zeit vor allem an den Schäden in unseren Wäldern sichtbar. Das **Waldsterben** beunruhigt uns in zunehmendem Maße. Aus zunächst unerklärlichen Gründen begannen seit Anfang der 70er Jahre viele Waldbäume zu kränkeln. Man nimmt zur Zeit an, dass ein Zusammenwirken vieler Schadstoffe – neben Wassermangel – eine Hauptursache für das Waldsterben ist.

Schadstoff-Emissionen werden durch den Wind zum Teil über Hunderte von Kilometern weit fortgetragen. Die Kronen von Nadel- und Laubbäumen filtern aus der Luft die verschiedenen Schadstoffe heraus. Ein Teil von ihnen lagert sich auf den Pflanzen ab und schädigt diese von außen. Viele Schadstoffe gelangen jedoch in gelöster Form als so genannter *Saurer Regen* in den Boden. Im Laufe der Zeit reichert sich der Waldboden mit Schadstoffen an. Er wird zunehmend saurer. Dadurch werden vermehrt wichtige Nährsalze gelöst, aus dem Boden ausgewaschen und den Bäumen entzogen. Auch ein Rückgang von Humus zersetzenden Bodenorganismen ist zu beobachten. Schließlich sterben die Feinwurzeln von Waldbäumen ab. Gleichzeitig gehen die Mykorrhiza-Pilze zugrunde, die mit den Bäumen in Symbiose leben und für ihre Wasser- und Nährsalzversorgung lebensnotwendig sind. Bakterien dringen über die geschädigten Wurzeln in das Stamminnere ein und zerstören Gefäße der Leitungsbahnen. Es bildet sich ein nasser Kern, der den Saftstrom behindert.

Die Nadeln von Nadelbäumen beginnen zu vergilben und fallen schließlich ab. Die Baumkronen lichten sich. Eines Tages stehen die Bäume kahl da. Sie sind tot. Bei einigen Laubbaumarten beobachten wir ähnliche Erscheinungen.

Durch Verbrennung von Kohle, Erdöl und Gas sowie durch Brandrodungen der Urwälder ist der CO_2-Gehalt der Atmosphäre gestiegen. Mit einem weiteren Ansteigen wird gerechnet. Das CO_2 hat die Eigenschaft, die von der Erde reflektierte Wärmestrahlung zurückzuhalten. Dadurch heizt sich die Erde auf und es kommt zum so genannten **Treibhauseffekt.** Dieser bewirkt zum Beispiel, dass die Eisbedeckung der Erde zurückgeht. Ein Ansteigen des Meeresspiegels und weltweite Überschwemmungen sowie Ausbreitung der Wüsten wären die Folgen.

Mensch und Umwelt

6 Mögliche Folge des Treibhauseffektes: Anstieg des Meeresspiegels

Besonders schädlich wirken die *Fluorchlorkohlenwasserstoffe* (FCKW), die z.B. als Treibmittel in Spraydosen, als Kühlmittel und zur Herstellung von Schaumstoffen verwendet werden. Diese Gase zerstören den schützenden **Ozongürtel**, der in einer Höhe von 15 bis 50 km die Erde umgibt. Der Ozongürtel hält den größten Teil der schädlichen UV-Strahlung der Sonne ab. Diese energiereiche Strahlung verursacht u.a. Hautkrebs. Wird der Ozongürtel weiter zerstört, wird die Hautkrebsrate weltweit weiter ansteigen. Darüber hinaus tragen die FCKW's zum Treibhauseffekt bei und sind damit auch mögliche Verursacher einer langfristigen **Klimaveränderung**.

Die Bundesregierung und die Landesregierungen haben Gesetze und Verordnungen verabschiedet, um die Belastung der Umwelt mit Schadstoffen zu begrenzen. Grundlage für alle Schutzmaßnahmen ist das **Bundes-Immissionsschutzgesetz**. Für die einzelnen Schadstoffe gibt es festgesetzte *Immissions-Grenzwerte*, die nicht überschritten werden dürfen. Zentrale **Landesämter für Immissionsschutz** sorgen für Einhaltung der Bestimmungen.

„Atemnot" durch Smog

SSV-Berlin, ... Gestern erörterten die Fachleute der Senatsverwaltung für Gesundheit und Umweltschutz, ob es sinnvoll wäre, Smog-Alarm auszulösen. Mehr als die Hälfte der 31 über die Stadt verteilten Messstellen zeigten bereits 3 Stunden Schadgas-Konzentrationen von mehr als 0,8 mg SO_2/m^3 Luft an. Die 1. Alarmstufe war damit erreicht. In dieser Situation kann die Bevölkerung zunächst von der Behörde zu freiwilligem umweltbewusstem Verhalten aufgefordert werden. ... Am dicksten war die SO_2-Konzentration in Wedding. Die Messstelle registrierte um 12.30 Uhr 1,82 mg SO_2/m^3 ... Nächtliche Tiefsttemperaturen von $-12\,°C$, 12 Stunden hindurch nahezu Windstille und dann in den Vormittagsstunden eine Inversion waren die meteorologischen Voraussetzungen für die ungewöhnliche Schadgaskonzentration über der Stadt. Um 11 Uhr, als am Boden $-5\,°C$ gemessen wurden, waren es in knapp 500 m Höhe $-2,4\,°C$ und in 213 m Höhe $-5,3\,°C$. Zwei Stunden später lag die Temperatur am Boden bei $0,9\,°C$, sodass ein normaler Luftaustausch nach oben möglich war ..." *(Pressenotiz)*

3. Erkläre die Entstehung einer Smog-Situation und erläutere die gesundheitliche Gefährdung des Menschen durch Smog!

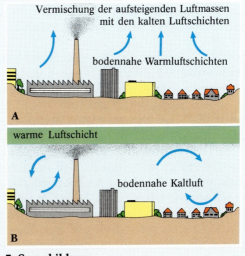

7 Smogbildung

1 Natürliche Flusslandschaft

2 Künstlicher Flusslauf

2. Umweltplanung

2.1. Geschädigte und bedrohte Landschaft

Immer mehr wächst bei vielen Menschen das Bedürfnis, die Freizeit in „unverfälschter Natur" zu verbringen. Dieser Wunsch ist offenbar eine Reaktion auf die unnatürliche Lebensweise in unserer technisierten Welt. Doch wo finden wir noch ursprüngliche Landschaften, die uns die erhofften Naturerlebnisse vermitteln könnten?

Mit seinen Eingriffen in die weitgehend natürlich gewachsene Landschaft richtet der Mensch oft bleibende Schäden an. Verhängnisvoll kann sich zum Beispiel die „Korrektur" natürlicher Bach- und Flussläufe auswirken. Weil man aus wirtschaftlichen Gründen Überschwemmungen von Flussauen vermeiden wollte, wurden Flüsse begradigt und vertieft. Bei solch einer **Flussbegradigung** holzte man auch oft die am Ufer stehenden Bäume und Sträucher ab. Die Landschaft wurde „ausgeräumt". Dabei gingen die Lebensräume vieler Tier- und Pflanzenarten verloren. Die jetzt ungeschützten Uferböschungen wurden durch Wasser und Wind allmählich abgetragen. – Das Wasser fließt nun schnell ab und eine Selbstreinigung ist kaum noch möglich. Außerdem besteht die Gefahr, dass mit der Vertiefung des Flussbettes der Grundwasserspiegel im angrenzenden Flussgebiet sinkt.

Durch moderne Formen der **Landbewirtschaftung** haben die meisten Gebiete den Charakter als Naturlandschaft verloren. Wälder wurden gerodet, Feldgehölze, Hecken und Feuchtgebiete bei der *Flurbereinigung* vernichtet. *Moore* sind in den letzten Jahrzehnten selten geworden. Die meisten wurden entwässert und landwirtschaftlich genutzt, andere durch Gewinnung von Torf zerstört.

Die Folgen solcher Landschaftsveränderungen zeigen sich von Jahr zu Jahr deutlicher. So sind bereits viele Arten unserer einheimischen Brutvögel ausgestorben und weitere Arten vom Aussterben bedroht. Die so genannten *Roten Listen* enthalten genaue Übersichten über gefährdete Tiere und Pflanzen in Deutschland.

Unsere heutigen *technischen Möglichkeiten* erlauben es, innerhalb kurzer Zeit weite Gebiete umzugestalten, zu planieren und zu betonieren. So werden für den Bau neuer Industrie-

Mensch und Umwelt

3 Siedlungs- und Verkehrsausweitung

4 Folgen des Skitourismus

anlagen, Wohnsiedlungen, Verkehrseinrichtungen und Flugplätze täglich neue Flächen benötigt, die als Feld, Wiese oder Wald verloren gehen.

Große Landschaftsteile werden allein durch den **Straßenbau** verbraucht. Jeder Kilometer Autobahn zum Beispiel erfordert nur für die Fahrbahn und einen schmalen Seitenstreifen rund 4 ha Land. Die neuen Verkehrswege zerschneiden oft wertvolle Lebensräume und gefährden das in ihnen herrschende biologische Gleichgewicht. Erholungsräume werden vor allem durch den Lärm und die Abgase der Fahrzeuge belastet.

In zunehmendem Maße werden Landschaften durch den **Tourismus** überlastet und geschädigt. Als sich zum Beispiel das Skilaufen zum Massensport entwickelte, zeigten sich in den ursprünglichen Berglandschaften bald erhebliche Veränderungen. Zur Anlage von Pisten und Skiliften müssen nämlich breite Schneisen in die bewaldeten Hänge geschlagen werden. Schwere Baumaschinen ebnen dann die Trassen ein und zerstören dabei die Vegetationsdecke. Zusätzliche Flächen gehen durch den Bau von Liftstationen, Gaststätten, Unterkunftshäusern und Zubringerstraßen verloren.

Breite Schneisen bedeuten aber nicht nur den Verlust von Bäumen und Waldkräutern. Zu beiden Seiten der Pisten entstehen künstliche Waldränder. Bäume, die bis dahin im Inneren gestanden haben, sind nun Wind und Wetter ausgeliefert. Ihnen fehlen Schutzeinrichtungen wie am natürlichen Waldrand, zum Beispiel ein Saum aus Sträuchern und Jungbäumen sowie kräftiges Wurzelwerk. Windwurf und auch Schäden an den Stämmen sind die Folgen.

1. Vergleiche die Abbildungen 1 und 2 miteinander! Erläutere, welche Folgen die Begradigung eines Flusses haben kann!

2. Berichte über Eingriffe (Straßenbau, Siedlungen, ...) in die Landschaft deines Wohnortes! Welche Folgen werden sie vermutlich haben?

3. Erläutere anhand von Beispielen (Skigebiete, Campingplätze, ...), in welcher Weise die Landschaft durch den Tourismus überlastet werden kann!

1 Naturschutzgebiet 2 Vogelkolonie in einem Naturschutzgebiet

2.2. Gepflegte und geschützte Landschaft

Die vielfältigen Eingriffe des Menschen in das Landschaftsgefüge haben gezeigt, dass die Belastbarkeit unserer natürlichen Umwelt begrenzt ist. Deshalb sind gesetzliche Vorschriften über *Naturschutz* und *Landschaftspflege* notwendig. Sie sollen die Landschaft als *Lebensgrundlage* des Menschen sichern und für seine *Erholung* erhalten.

Das **Bundesnaturschutzgesetz** enthält allgemeine Richtlinien. Es fordert nicht nur den Schutz und die Pflege besonderer Landschaften, sondern verlangt auch, dass ausgeräumte und zerstörte Gebiete wiederhergestellt oder neu gestaltet werden. Als Ergänzung zu diesem Rahmengesetz haben die Bundesländer entsprechende Landesgesetze erlassen.
Staatliche *Naturschutzbehörden* in jedem Bundesland sind verpflichtet, geeignete Lebensräume auszuwählen, zu erschließen und als Schutzgebiete auszuweisen. Besonderen Schutz genießen vom Aussterben bedrohte Tiere und Pflanzen.

In den meisten Fällen genügt es nicht, die unter Schutz stehenden Pflanzen und Tiere selbst unbehelligt zu lassen. Vielmehr muss der ganze Landschaftsteil geschützt werden, in dem sie ihre artgemäßen Lebensbedingungen vorfinden. In solchen **Naturschutzgebieten** sind alle Maßnahmen untersagt, die zu einer Veränderung des gegenwärtigen Zustandes führen würden.
Die Gesetzgebung ermöglicht es auch, bestimmte Geländeteile zu **Landschaftsschutzgebieten** zu erklären. Hier soll die landschaftliche Eigenart mit den noch vorkommenden Lebensgemeinschaften erhalten bleiben. Dadurch will man gleichzeitig naturnahe *Erholungsräume* schaffen, in denen der Mensch nach den Belastungen des Alltags ausspannen kann. Die Bedeutung solcher Gebiete für die Gesunderhaltung der Bevölkerung erkennt man daran, dass viele Menschen besonders an den Wochenenden hier Erholung suchen. Auch abgebaute Braunkohlenreviere und ehemalige Kiesgruben werden zu abwechslungsreichen Erholungslandschaften umgestaltet. Man sagt, sie werden *rekultiviert*. So werden zum Beispiel Bagger-

Mensch und Umwelt

3 Orientierung in einem Naherholungsraum

4 Rekultivierter Baggersee als Erholungslandschaft

seen oder Kiesteiche nach landespflegerischen Gesichtspunkten zu Erholungsräumen ausgebaut.

Ohne behördliche Genehmigung dürfen in Landschaftsschutzgebieten bestimmte Maßnahmen wie Wohnungs- und Straßenbau, Flussregulierungen und Flurbereinigung nicht durchgeführt werden. Doch stehen oft die Nutzungsansprüche einzelner Landbesitzer oder ganzer Gemeinden den Zielen des Naturschutzes und der Landschaftspflege entgegen.

Großräumige Landschaften, die für Erholungszwecke erschlossen und ausgebaut werden, nennt man **Naturpark.** Sie sind über ganz Deutschland verteilt. In diesem Großraum soll die Natur gepflegt und gegen die fortschreitende Zivilisation geschützt werden, obwohl Bodennutzungen aller Art uneingeschränkt erlaubt sind.

Naturparke bieten in ihren abwechslungsreichen Landschaften vielfältige Erholungsmöglichkeiten. Der Besucher findet hier auch bequeme Zufahrtswege, ausreichende Rast- und Parkplätze, Lehrpfade und Hinweistafeln, ein weit reichendes Netz von Wander- und Radwegen, Campingplätze sowie ein reichhaltiges Angebot von Unterkünften vor.

In vielen europäischen und außereuropäischen Ländern werden großräumige Naturlandschaften zu **Nationalparken** erklärt. Ihre Mindestgröße beträgt 10 000 ha. In Niedersachsen und in Schleswig-Holstein gibt es zum Beispiel die *Nationalparke Wattenmeer.* Nationalparke haben ihren ursprünglichen, vom Menschen unbeeinflussten Zustand erhalten. Dort herrschen Bedingungen, die für die Erhaltung einer artenreichen Tier- und Pflanzenwelt günstig sind. Im Nationalpark wird die Natur weitgehend sich selbst überlassen. Sie soll sich entwickeln, ohne dass der Mensch eingreift. Wirtschaftliche Nutzungen jeder Art sind deshalb eingeschränkt.

1. Stelle fest, wo es in der Nähe deines Wohnortes ein Naturschutzgebiet (oder ein Landschaftsschutzgebiet oder einen Nationalpark) gibt! Trage es in eine Übersichtskarte ein! Berichte über dessen Besonderheiten und Aufgaben! Auskunft kannst du zum Beispiel beim Naturschutzbeauftragten der Stadt- beziehungsweise Kreisverwaltung erhalten.

1 Lebendes Moor

2 Industrieller Torfabbau

2.3. Ein Moor wird renaturiert

Wer hat schon einmal ein lebendes Moor besucht? Vermutlich werden es nur wenige sein; denn dieser Lebensraum ist in Deutschland selten geworden. Moorlandschaften kommen hauptsächlich in Norddeutschland vor. Besonders im Nordwesten liegen die moorreichsten Bezirke. Aber auch im Mittelgebirge und im Alpenvorland gibt es vereinzelt Moore.

Moore zeichnen sich durch eine weitgehend gehölzarme bis gehölzfreie Landschaft aus, die mit Wasser gesättigt ist und einem Riesenschwamm gleicht. Vor allem verschiedenartige *Torfmoose* halten das Wasser fest. Manche dieser Flächen haben eine Ausdehnung von vielen tausend Hektar. Der mehrere Meter tiefe Moorkörper besteht zu über 90% aus Wasser. Der Rest setzt sich aus abgestorbenen und weitgehend unzersetzten Pflanzen zusammen. Diesen Pflanzenkörper bezeichnen wir als **Torf**.

Die unzugänglichen und unwirtlichen Moore blieben lange Zeit vom Menschen weitgehend unangetastet. Erst seit etwa 200 Jahren begann man, diese Flächen in größerem Umfang urbar zu machen und wirtschaftlich zu nutzen. Dazu mussten die Moore zunächst entwässert werden. Gräben wurden gezogen und das hoch anstehende Wasser abgeleitet. Dadurch nahm der Mensch vielen nur dort vorkommenden Pflanzen- und Tierarten die natürliche Lebensgrundlage und zerstörte einen bisher intakten Lebensraum. Nachdem ein Moor trockengefallen war, wurde der Torfkörper bis auf eine schmale Schicht abgetragen und durch tiefes Pflügen mit dem mineralischen Boden vermengt. So verwandelte man die ehemaligen Moorflächen in Grün- und Ackerland. Der Torf fand vor allem Verwendung als Brennstoff. Heute noch wird Torf industriell mit großen Maschinen abgebaut und als Bodenverbesserungsmittel im Landschaftsbau, in Kleingärten oder in Balkonkästen genutzt. Dabei gibt es bessere Alternativen, z.B. Kompost oder Rindenmulch. Auf diese Weise fielen in Nordwestdeutschland – der moorreichsten Landschaft Mitteleuropas – fast alle Moore dem Torfabbau und der Kultivierung zum Opfer. Heute können nur noch 1–2% der Moorflächen als intakt bezeichnet werden.

3 Ein alter Torfstich entwickelt sich zum wachsenden Moor

Inzwischen ist dem Menschen aber bewusst geworden, dass die scheinbar so nutzlosen Moore eine wichtige Aufgabe im Naturhaushalt der Landschaft erfüllen. Sie regulieren z.B. den Wasserhaushalt der Landschaft. Sie sind außerdem ein Lebensraum für seltene Pflanzen und Tiere, die den dort herrschenden extremen Lebensbedingungen besonders angepasst sind. Moore zeichnen sich neben der Feuchtigkeit vor allem durch ihre Armut an Nährsalzen – vor allem Stickstoffverbindungen – aus. Einige Pflanzen machen diesen Mangel wieder wett, indem sie Insekten fangen, verdauen und dabei aus dem Eiweiß der Tiere die fehlenden Stickstoffverbindungen gewinnen. Zu solch *Fleisch fressenden Pflanzen*, die nur im Moor vorkommen, gehören der *Sonnentau*, das *Fettkraut* und der *Wasserschlauch*.

Heute versucht man, ehemalige Moorgebiete durch Vernässung wieder in Moorlandschaften zu verwandeln. Teile der Landschaft sollen möglichst wieder in ihren ursprünglichen Zustand zurückgeführt oder **renaturiert** werden. Landesregierungen stellen Haushaltsmittel bereit, damit entsprechende Flächen aufgekauft und unter Naturschutz gestellt werden können. Für eine Renaturierung eignen sich vor allem teilentwässerte und teilabgetorfte Flächen. Dort kommen vereinzelt noch typische Moorpflanzen und auch einige auf Moorlandschaften spezialisierte Tiere vor. Zunächst muss die Entwässerung wieder ruckgängig gemacht werden. Dazu werden alle Abflussgräben der in Betracht kommenden Fläche verschlossen und die Drainagerohre entfernt. So kann sich Regenwasser stauen und ein Sumpf bilden. Nun können wieder Torfmoose zu wachsen beginnen und sich eine typische Moorvegetation einstellen.

In den ersten Jahren der Renaturierung sind aber noch viele Pflegemaßnahmen notwendig. So müssen die Moorflächen von Büschen und Bäumen befreit werden, da diese dem Untergrund viel Wasser entziehen. Es dauert jedoch noch lange, bis sich in einem zu renaturierenden Gebiet wieder eine typische Moorlandschaft gebildet hat, denn Torfmoose wachsen jährlich nur etwa 1 mm in die Höhe. Ein renaturiertes Moor kann jedoch kein Ersatz für ein in Jahrtausenden gewachsenes ungestörtes Moor sein.

Register

Fette Seitenzahlen weisen auf ausführliche Behandlung im Text oder auf Abbildungen hin;
f. = die folgende Seite; ff. = die folgenden Seiten.

A

Abdruck 72 f.
Abwasserreinigung **36, 106**
Adenin 48
AIDS **26 f.**
Albinismus 52
Albino 52
Ammoniten 76
Anopheles 29
Antibiotikum **34**
Antikörper 24, 27
Archaeopteryx **79**
Armfüßer 74
Arzneimittel 29
Auslese **64 f.**
Australopithecus **94 f.**

B

Bakterien 21, 24, **30 ff.**, 35 ff.
–, aerobe 30
–, anaerobe 31, 37
–, krankheitserregende 21
Bärlappgewächse 75
Basentriplett 51
Bastard 40
Baumsterben **110**
Befruchtung **11**
–, künstliche 66
Beratungsstelle, genetische 62
Besamung, künstliche 65
Beuteltier 77
Bezugsperson 14, 20
Biotechnik **66**
Birkenspanner 86
Bluterkrankheit 60
Blutgruppen 58
–, Vererbung 58
Boten-RNA **51**
Brückentiere **78 f.**
Buchdruck 99
Bundesimmissionsschutzgesetz 111
Bundesnaturschutzgesetz 114

C

Chromosomen **8 f.**, 11, 46
–, Mensch 57
Chromosomenmutation **53**
Colibakterien 35, 68
Cro-Magnon-Menschen 96
Crossing over **46 f.**
Cytosin 48

D

Damwild 52
Darwinfinken **85**
Darwinismus **85**
Desoxyribonucleinacid (DNA) **48**
Desoxyribonucleinsäure (DNA) 31, **48 f.**, 68
–, Aufbau **48 ff.**
–, identische Verdoppelung **49 f.**
–, Modell **50**
Dimetrodon 78
dominant 41
DOWN-Syndrom **61**
Drogen **13**
Dryopithecus **93**

E

Eibläschen 10
Einkreuzen **64 f.**
Einschluss 72
einsichtiges Handeln 89
Eireifung 10
Eisprung **10 f.**
Eiweißsynthese **51**
Eizelle, Mensch **9 ff.**
Embryo 12
Embryonalentwicklung **12**, 82
Embryotransfer **66**
Emissionen **108 ff.**
Empfängnisverhütung **16 f.**
Enzyme 35
Erbbild 41
Erbgang, dominanter 41, **58 ff.**
–, resseziver 60
–, zwischenelterlicher 40 f.
Erbgesundheitsvorsorge 62 f.
Erbinformation 49, **50 f.**
Erbkrankheiten **60 f.**
Erbsprung **52 f.**
Erdgeschichte, Lebensbilder **74 ff.**
– Zeitalter **73**
Erscheinungsbild 41
Eugenik **62**
Europide **100 f.**
Evolution **70 ff.**
–, biologische 83
–, chemische 83
–, kulturelle 99
Evolutionsfaktoren **88**
Evolutionstheorien **84 f.**
Exhibitionist 20

F

Familienplanung **16**
Farnsamer 75
Fetischist 20
Fettkraut 117
Fetus **13**
Filialgeneration 40
Flurbereinigung 112
Flussbegradigung 112
Follikel 10
Follikelhormone 10
Fortpflanzung, geschlechtliche 56
–, ungeschlechtliche (vegetative) 56
–, Mensch **11 ff.**
Fossilien 70
Fruchtwasseruntersuchung 62
Frühmenschen 95

G

Geißeltierchen 36
Gelbkörperhormon 10
Gen **42**, **46 f.**
genetischer Code 49
Genkarte **47**
Genmutation **52 f.**
Genort 47
Gentechnik **67 ff.**
Geräte, steinzeitliche **98**
Geschlechtsbestimmung 57
Geschlechtschromosomen 57
Geschlechtskrankheiten **23**
Geschlechtsmerkmale 7
Geschlechtsverkehr 18
Gewässer, Reinhaltung **36 f., 106 f.**
–, Verschmutzung **102 ff.**
Gewässergüte **104 f.**
Gewässeruntersuchung 104 f.
Gleichgewicht, biologisches 102
Gorilla 90
Grauspecht 87
Grippe 31
Grundregel, biogenetische **82**
Grünspecht 87
Guanin 48

H

Hautpilz 23
Hefepilz 31
Hefezelle 31
Heidelbergmensch **95**

Register

Hirnanhangsdrüse 6, 10
HIV **26**
Hochmoorgelbling 117
Höhlenmalerei 96, **98 f.**
Homo erectus **95**
Homo habilis **95**
Homo sapiens **96**
Homo sapiens sapiens **100**
Homosexualität 19
Homunculus-Theorie 39
Humangenetik **58**
Hypophyse 6

I

Immissionen **108 ff.**
Immunisierung, aktive **25**
–, passive **25**
Immunsystem 24
Impfkalender 24
Impfung **24 f.**
Infektionskrankheiten **21 ff.**
Inkohlung 72
Inkubationszeit 21, 27
Insulin 68
–, gentechnische Herstellung **68**
Isolation **87**

J

Jetztmensch, eiszeitlicher 96
Jogurt 32 f.

K

Kampf ums Dasein 85
Kastration 17
Kefir 32
Keimzellen **8 ff.**
Kernspindel 8
Kinderlähmung 21
Kläranlage **36 f.**
Klonen **66**
Kondom 27
Konstanz der Arten 84
Kreuzungen **40 ff.**
Kulturweizen 64
Kurzfingrigkeit **60**

L

Lamarckismus **84**
Landschaftsschutzgebiet **114**
Larvenentwicklung 82
Leben, Entstehung **83**
Leitfossilien 70
Lesben 19
Löwenzahn 54
Lucy **94**
Luftverschmutzung **108 ff.**
Lymphocyt 24

M

Malaria **29**
Malariamücke 29
Masochist **20**
Maulwurf 81
Maulwurfsgrille 81
Medikamente 13
Meiose **8 f.**
Mendelsche Regeln **38 ff.**
Mensch, Evolution **89 ff.**
–, stammesgeschichtliche Herkunft **89 ff.**
Menschenrassen **100**
–, Verbreitung **101**
Menstruation 7
Messel **71**
Mikroorganismen **30 ff.**
Milchsäurebakterien 32
Mimik 89 f.
mischerbig **42**
Mischling 40
Mitose 8
Modifikation **54 f.**
Mongolide 100 f.
Mongolismus **61**
Moor **116 f.**
Moorbeere 117
Moorbirke 117
Moorfrosch 117
Mosaikjungfer, Hochmoor 117
Mutagene **63**
Mutation **52 f.**, 56, 62 f., 65, **86**, 101
Mutterkuchen **12**
Mykorrhiza 110

N

Nachtblindheit **60**
Nationalpark **115**
Naturpark **115**
Naturschutz **114**
Naturschutzgebiet **114**
Neandertaler **96**
Nebelkrähe 88
Negride 100 f.
Neuzüchtung **43**
Nucleotid **48**

O

Ölpest **104**
Organe, analoge **81**
–, homologe **80 f.**
–, rudimentäre **81**
Orgasmus 18
Östrogen 10, 16
Ozongürtel **111**

P

Paläontologie **70**
Panzerfisch **75**
Parentalgeneration 40
Partnerschaft 18
Penicillin **34**, 86
Pilze 31, **34**
Pinselschimmel **34**
Plasmid 68
Plazenta **12**
Polyploidie **53**
Proconsul **93**
Progesteron 10, 16
Prostituierte **20**
PTH-Schmeckfähigkeit **58 f.**
Pubertät **6 f.**, 18
Puff **51**
Pythonschlange 81

Q

Quastenflosser 75, **79**

R

Rabenkrähe 88
Rasse **100**
Rassenkonflikte **101**
Recycling 37
Reduktionsteilung **9**
Regelblutung 10
Reifeteilung **8 f.**
reinerbig **42**
Rekultivierung 114 f.
Renaturierung **116 f.**
Retortenbaby **63**
rezessiv **41**
Riesenchromosom 46
Rind, Embryotransfer **66**
–, transgenes **69**
RNA 31, **51**
Rot-Grün-Blindheit **61**
Rückkreuzung **42**
Russenkaninchen 54

S

Säbelzahntiger 77
Sadist **20**
Salmonellose **21**
Samenerguss 7
Samenzelle, Mensch **8 f., 11**
Sauermilch 32
Sauermilchprodukte 32
Säugling 14
Saurer Regen **110**
Saurier **76**
Schachtelhalmgewächs 75
Schadstoffe **103 f.**
Schimpanse 89 ff.
Schluckimpfung 26
Schnabeltier **78**
Scholle 82
Schrift **99**
Schutzimpfung 26
Schwangerschaft 12, **17**
Schwule 19
Seehundsterben 103
Seelilie 76
Selbstreinigung, biologische **102**
Selektion **86**, 101
Sexualität **6 ff., 18 f., 56**
–, biologische Bedeutung **56**
–, Erscheinungsformen **20**
Sexualobjekt 19
Sichelzellenanämie **53**
Sippentafel 59
Smog **111**
Sonnentau 117
Spaltungsregel **40**, 42

Sporentierchen 29
Sprache **99**
Sprossung 31
Stammbaum, Mensch **97**
–, Menschenaffen **97**
Stammesgeschichte **70 ff.**
Standortmodifikation 54
Steinkern 72
Sterilisation **17**
Stoffaustausch **13**
Stoffkreisläufe 103
Sumpfschrecke 117
Symbiose 35
Syphilis 23

T

Taufliege 46
Thymin **48**

Tier-Mensch-Übergangsfeld **95**
Tierskulpturen **98**
Tochtergeneration 40
Tomoffel **67**
Torfabbau 116
Torfstich 117
Totenbestattung **98**
Träger-RNA **51**
transgener Organismus **69**
Treibhauseffekt **110 f.**
Trichomonaden 23
Trilobiten 74
Tripper 23

U

Umweltplanung **112 ff.**
Umweltschutz 104
Unabhängigkeitsregel 43

Uniformitätsregel **40**
Uracil **51**
Urmenschen 95
Urpferd 72, 77
Urvogel **79**

V

Variationsbreite **54**
Variationskurve 54 f.
Vererbung **38 ff.**
Verhütungsmethoden **16 f.**
Vermehrung, Bakterien 30 ff.
–, Hefen 31
–, Viren 22, 26
Versteinerung 72
Viren **21 ff.**, 13, 23, **31**
Vormenschen 94
Voyeur 20

W

Waldsterben **110**
Wasserschlauch, Gemeiner 117
Werkzeuggebrauch 89, **94**, 98
Werkzeugherstellung 89
Wimpertierchen 35
Wunderblume 40

Z

Zeigerorganismen **105**
Zellulose 35
Zentralkörperchen 8
Züchtung **43**, 53, 55, **64 ff.**
Zufallsapparat 54 f.
Zwillinge **11**
Zwischenhirn 10
Zyklus, weiblicher **10**